João de Ruysbroeck

(*1293-†1381):

TEXTOS MÍSTICOS

João de Ruysbroeck

(*1293-†1381):

TEXTOS MÍSTICOS

Introdução e tradução do
neerlandês medieval
Por Michel Mario Kors,
com a colaboração de Guido De Baere, SJ

Edições Loyola

Dados Internacionais de Catalogação na Publicação (CIP)
(Câmara Brasileira do Livro, SP, Brasil)

João de Ruysbroeck (*1293-†1381) : textos místicos / introdução e tradução do neerlandês medieval por Michel Mario Kors ; com a colaboração de Guido De Baere. -- São Paulo, SP : Edições Loyola, 2023. -- (Mestres da tradição cristã)

Bibliografia.
ISBN 978-65-5504-116-3

1. Ruysbroeck, João de, 1293-1381 2. Teologia medieval 3. Teologia mística I. Kors, Michel Mario. II. Baere, Guido De. III. Série.

22-111954
CDD-248.22

Índices para catálogo sistemático:
1. Teologia mística : Cristianismo   248.22

Eliete Marques da Silva - Bibliotecária - CRB-8/9380

Capa: Viviane Bueno Jeronimo
Antoon van der Does (1609-1680). Detalhe da gravura *The Mystic Jan van Ruysbroek* (1622 e 1680). *Etching print* (25,3 cm x 13,2 cm), Rijksmuseum, Amsterdam <https://commons.wikimedia.org/wiki/File:Antony_van_der_Does_-_The_Mystic_Jan_van_Ruysbroek.jpg>.
Diagramação: Sowai Tam
Revisão técnica: Johan Konings, SJ (†)

A revisão do texto desta obra é de total responsabilidade de seu autor.

Edições Loyola Jesuítas
Rua 1822 n° 341 – Ipiranga
04216-000 São Paulo, SP
T 55 11 3385 8500/8501, 2063 4275
editorial@loyola.com.br
vendas@loyola.com.br
www.loyola.com.br

Todos os direitos reservados. Nenhuma parte desta obra pode ser reproduzida ou transmitida por qualquer forma e/ou quaisquer meios (eletrônico ou mecânico, incluindo fotocópia e gravação) ou arquivada em qualquer sistema ou banco de dados sem permissão escrita da Editora.

ISBN 978-65-5504-116-3

© EDIÇÕES LOYOLA, São Paulo, Brasil, 2023

100716

SUMÁRIO

PREFÁCIO 7

INTRODUÇÃO GERAL 9
   1   A vida e as obras de João de Ruysbroeck 13
   2   A doutrina mística de Ruysbroeck 17
        a. Mística trinitária 17
        b. Antropologia mística: o homem como *imago* e *similitudo* ("imagem" e "semelhança") de Deus, e Deus como "exemplar" 20
        c. A "vida comum" e o "homem comum" como objetivo da vida mística: "uma vida de amar generosamente" 22
        d. A mística "natural" *versus* a mística "perversa" 23
        e. Críticas à Igreja 25
        f. A influência de Ruysbroeck: a *Devotio Moderna* durante os séculos XIV-XV 27
        g. Ruysbroeck e a Espanha no século XVI 28
   3   Ruysbroeck como autor "inspirado" 31
   4   A recepção das obras de Ruysbroeck 35
        a. Filologia: a edição acadêmica das obras de Ruysbroeck e a pesquisa dos manuscritos 36
        b. Teologia: a doutrina mística de Ruysbroeck 37

TRADUÇÃO DOS TEXTOS 39
   Sobre a escolha dos textos para a tradução 39
   A tradução das obras de Ruysbroeck por Laurentius Surius, O. Cart. (1523-1578) 41

	Algumas reflexões sobre a tradução para o português moderno	42
1	Prólogo a uma coleção de obras de Ruysbroeck, por Frade Gerardus de Sanctis, O. Cart. (†15 de março de 1377)	45
	Introdução: ocasião e data	45
	O *Prólogo* de Dom Gerardus	47
2	João de Ruysbroeck: O livrinho de explicação	53
	Introdução: ocasião e data	53
	Resumo do texto	57
	Libellus eximius Samuelis (páginas pares)	60
	O livrinho de explicação (páginas ímpares)	61
3	João de Ruysbroeck: A pedra brilhante	101
	Introdução: ocasião e data	101
	Resumo do texto	102
	De calculo (páginas pares)	104
	A pedra brilhante (páginas ímpares)	105
4	João de Ruysbroeck: As bodas espirituais, terceira parte	175
	Introdução: ocasião e data	175
	Introdução ao conteúdo do tratado *As bodas espirituais*, por Guido De Baere, SJ	177
	Esquema do conteúdo de *As bodas espirituais*	182
	De spiritalium nuptiarum ornatu Liber tertius (páginas pares)	186
	As bodas espirituais: a terceira vida (páginas ímpares)	187
BIBLIOGRAFIA		207

SINAIS E ABREVIAÇÕES

As abreviações dos livros bíblicos são as da *Bíblia Sagrada* da CNBB – Conferência Nacional dos Bispos do Brasil.

nl.: números das linhas (marcadas em subscrito e cinza) na tradução do original neerlandês que ladeia texto latino.

PREFÁCIO

In memoriam Johan Konings
(1941-2022)

Este livro, apresentando a tradução de vários textos místicos do conhecido escritor medieval João de Ruysbroeck (*1293-†1381), é um dos frutos do meu projeto de Programa Nacional de Pós-Doutorado-Teologia 2019-2021 da CAPES (Coordenação de Aperfeiçoamento de Pessoal de Nível Superior), desenvolvido na Faculdade de Teologia da Faculdade Jesuíta (FAJE), em Belo Horizonte. É a primeira vez que algumas obras de Ruysbroeck são traduzidas do neerlandês médio para o português moderno. Tomara que as traduções contribuam ao conhecimento de Ruysbroeck e da sua doutrina mística, no Brasil.

Durante o trabalho dedicado a este livro, recebi apoio e informações importantes de várias pessoas, dos quais gostaria de mencionar três:

Prof. Em. Guido De Baere, SJ, da Universidade de Antuérpia, Bélgica, especialista de Ruysbroeck e editor-chefe das obras completas, me ajudou muito com a explicação de palavras e expressões difíceis de Ruysbroeck e também com a disponibilização por meio eletrônico dos textos. Ele sempre esteve muito interessado nesse projeto de pós-doutoramento. Já colaboramos trinta e cinco anos sobre o Ruysbroeck, e fico feliz que estamos juntos na página de rosto deste livro.

Prof. Em. Johan Konings, SJ, da Faculdade Jesuíta, que foi o supervisor do meu projeto. Inúmeras e agradáveis foram as nossas conversas! O Prof. Konings me ajudou muito para aperfeiçoar o meu português e as traduções de Ruysbroeck. É muito triste que ele não possa ver o resultado final.

Prof. Tit. Geert Claassens, Universidade Católica de Lovaina, Bélgica, conversou muitas vezes comigo sobre a literatura medieval e sempre deu sugestões para a leitura de artigos relevantes.

Eu agradeço, para terminar, à Faculdade de Teologia e ao ex-Reitor Prof. Geraldo De Mori, SJ pela confiança em mim e pela infraestrutura que me ofereceram.

Michel Mario Kors, Faculdade Jesuíta de Filosofia e Teologia,
Belo Horizonte, agosto de 2022

INTRODUÇÃO GERAL

> *Acredito que Krishnamurti seja a segunda encarnação de Cristo. Estudo muito as doutrinas. A sabedoria oriental me fascina. Não foi à toa aquelas epígrafes de Plotino ou Ruysbroeck, o Admirável, para meu "Corpo de Baile". São um complemento de minha obra. Sou um contemplativo fascinado pelo Grande Mistério, pelo "O anel ou a pedra brilhante".* (apud CADERNOS, 2006, p. 92)

Assim escreveu Guimarães Rosa em carta a Paulo Dantas. A doutrina mística de Ruysbroeck[1] influenciou muito Guimarães Rosa, como foi devidamente demonstrado no estudo *O Roteiro de Deus*, da autoria de Heloísa Vilhena de Araújo (ARAÚJO, 1996). Rosa usou as citações de Ruysbroeck como epígrafes em várias obras, sendo sempre extraídas do pequeno tratado que o grande mestre mineiro mencionou nesta carta: *O anel ou a pedra brilhante*. Descobrir essa influência de Ruysbroeck foi para mim uma surpresa tripla: em primeiro lugar, nenhuma das obras de Ruysbroeck existe em tradução do neerlandês medieval para o português moderno[2]; segundo, o tratado que Rosa citou é pouco

---

1. Usamos neste livro a grafia "Ruysbroeck", como é mais conhecida no Brasil, embora internacionalmente "Ruusbroec" seja mais comum. Entretanto, a grafia "Ruysbroeck" já pode ser encontrada num manuscrito de 1400, contendo suas obras e escrito no mosteiro onde passou sua vida.

2. Existe, como descobrimos depois de concluir este livro, uma tradução da obra *As bodas espirituais* (RUYSBROECK, 2013), que foi traduzida da versão inglesa de 1916, baseada na edição das obras em neerlandês medieval de 1858-1868, e com uma introdução de Evelyn Underhill (RUYSBROECK, 1915).

conhecido, mesmo entre os especialistas deste domínio, embora represente uma fantástica síntese concisa da fase mais elevada da vida mística; e em terceiro lugar, antes de saber de tudo isso, o meu projeto atual do PNPD Teologia da Capes já previa uma tradução do tratado que Rosa menciona: *O anel ou a pedra brilhante*.

Rosa leu os tratados de Ruysbroeck numa tradução francesa. Estes livros ainda constam na sua biblioteca, com algumas anotações da sua mão. A apreciação de Rosa para esse autor medieval neerlandês representa uma motivação complementar para a tradução de Ruysbroeck em português. Mas em primeiro lugar vamos definir brevemente o que é mística.

O que é mística cristã?

O conceito da "mística" é muito complexo e por isso têm várias definições divergentes. Em si, a mística é uma experiência religiosa que acontece em quase todas as religiões, e também fora de qualquer contexto religioso. Existe até uma mística ateia. Porém, neste livro, falamos apenas sobre a mística cristã, mais especificamente sobre a mística cristã na idade média tardia, e, neste caso, somente sobre João de Ruysbroeck.

Temos de considerar que existem mística e literatura mística. Mística não precisa de literatura, mas literatura mística, sim, da mística. Parece uma banalidade, mas não é: porque a experiência mística é, na sua essência, sempre inefável, e às vezes não é sempre possível para uma mística ou um místico exprimir em palavras esta experiência. Com efeito, há outros meios de expressão não verbais, como pintura, música, fotografia, dança, cinema, etc.

Os autores da literatura mística medieval escrevem muitas vezes basicamente para outras pessoas com as mesmas experiências. Isso tem a ver com o fato de que a experiência mística se chama mistagogia, ou seja, explicar e ensinar o caminho do amor para todos os que o buscam. Esta abordagem "mistagógica" é típica para muitos autores místicos dos séculos XIII e XIV, sobretudo na Bélgica e Holanda.

Não podemos, então, ler esses textos místicos como relatórios realistas, porque são uma forma de incorporação — ou seja, em in-

glês, "embodiment" — de experiências místicas, que acontecem fora do tempo e do lugar. Essa incorporação acontece na linguagem e, por isso, é definida pelo contexto sociocultural. Por exemplo, um monge beneditino do século XIII não vai ter uma experiência mística de Allah ou de Buda, aliás, talvez ele a tenha, mas ele poderia descrevê-la só dentro do seu contexto cultural, que é, neste caso imaginário, a fé cristã católica.

O que é, exatamente, "literatura mística" é mais ou menos definido pelo cânone literário. Ninguém vai, por exemplo, contestar, que Juan de la Cruz e Teresa de Ávila são autores místicos. Pela literatura mística da idade média esse cânone se estabeleceu já há muito tempo.

Mas não quero só dar uma explicação que seria quase uma petição de princípio. Para definir o conceito da mística cristã é bom usar uma definição que seja a mais ampla possível, acho eu, e por esse motivo escolhi esta, do pesquisador americano da Chicago University e grande especialista sobre este assunto, o Professor Bernard McGinn:

> [...] o elemento místico no cristianismo é aquela parte de sua crença e suas práticas que concernem à preparação para a consciência de e a reação ante aquilo que pode ser descrito como a imediata ou direta presença de Deus. (McGINN, 2012, p. 18)

A doutrina mística de Ruysbroeck cabe bem nessa definição, como veremos na sequência deste livro.

1
A vida e as obras de João de Ruysbroeck

> *Na história das aventuras espirituais do homem, encontramos às vezes certos grandes místicos que parecem recolher e amalgamar, no crisol do coração, as diversas tendências daqueles que os antecederam; e que, adicionando a esses elementos o tom de suas próprias ricas experiências, nos trazem uma visão de Deus e do homem ao mesmo tempo intensamente pessoal e universal. Esses são espíritos construtivos, cujas criações na área espiritual resumem e representam a prestação de uma época inteira; como, em outras áreas, o grande artista, o músico, o poeta — sempre sendo filho da tradição como da inspiração. Ruysbroeck é um místico desse gênero.* (UNDERHILL, 1911, p. 1)[1]

O beato João de Ruysbroeck nasceu na aldeia de Ruisbroek, próxima de Bruxelas, em 1293[2]. Aos onze anos, ele se transferiu para Bruxelas, onde viveu por quase quatro decênios. Com cerca de 24 anos, foi

---

1. "In the history of the spiritual adventures of man, we find at intervals certain great mystics, who appear to gather up and fuse together in the crucible of the heart the diverse tendencies of those who have preceded them, and, adding to these elements the tincture of their own rich experience, give to us an intensely personal, yet universal, vision of God and man. These are constructive spirits, whose creations in the spiritual sphere sum up and represent the best achievement of a whole epoch; as in other spheres the great artist, musician, or poet — always the child of tradition as well as of inspiration — may do. John Ruysbroeck is such a mystic as this."

2. Hoje em dia, o distrito de Ruisbroek faz parte da aglomeração de Bruxelas, ficando a cinco quilômetros do centro medieval. — Sobre a vida de Ruysbroeck, veja KORS, 2016 (edição de textos primários em latim) e WARNAR, 2007.

ordenado sacerdote e, entre outras atividades, atuou como "vicarius" na igreja colegial bruxelense Sta. Gúdula. Em 1343, mudou-se para as florestas vizinhas de Groenendaal — literalmente: "Vale Verde" —, a dez quilômetros do centro medieval de Bruxelas, junto com dois cônegos que partilhavam das mesmas ideias, a fim de viverem como eremitas e levarem uma vida espiritual mais aprofundada. Depois de críticas sobre o seu estado "desvinculado" simplesmente vivendo juntos como sacerdotes seculares, eles finalmente adotaram a regra dos cônegos de Santo Agostinho, em 1350, e fundaram o mosteiro de Groenendaal. No dia 2 de dezembro de 1381, Ruysbroeck, prior desse mosteiro, morreu aos oitenta e oito anos.

Ruysbroeck se revelou um autor místico num círculo limitado, já durante a época em que viveu ainda em Bruxelas, contudo, a sua reputação mais ampla, inclusive em nível internacional, difundiu-se a partir de 1350, quando ele foi ordenado o primeiro prior do mosteiro de Groenendaal. Ruysbroeck escreveu onze obras no total, muito desiguais em volume, e algumas cartas:

1. *O reinado dos amantes*
2. *As bodas espirituais*
3. *A pedra brilhante*
4. *As quatro tentações*
5. *Sobre a fé cristã*
6. *O Tabernáculo espiritual*
7. *Sete tipos de clausura*
8. *Um espelho de bem-aventurança eterna*
9. *Os sete degraus da escada do amor espiritual*
10. *O livrinho de explicação*
11. *As doze beguinas*

Nos seus tratados, Ruysbroeck fez apenas uso do dialeto vernáculo da sua cidade natal, Bruxelas, nessa época ainda neerlandófona. Para obter uma ideia do tamanho da sua obra: a edição mais recente conta quase 800 páginas (veja COMPLETE RUUSBROEC, 2014). Ruysbroeck é considerado um dos maiores autores místicos na literatura europeia e mundial, mas ainda não foi traduzido a partir dos textos

originais medievais para o português moderno. Para entender melhor os tratados que fazem parte do livro presente, apresentaremos os temas mais importantes da mística de Ruysbroeck.

2
A doutrina mística de Ruysbroeck

a. Mística trinitária

A doutrina mística de Ruysbroeck, bastante complexa, recusa uma classificação simples, mas é possível apontar algumas características. No caso de Ruysbroeck trata-se de uma teologia dinâmica da Trindade, como a encontramos no texto seguinte. As palavras-chaves estão em negrito:

> Cada amante é um com Deus e em **descanso**, e similar a Deus na **atividade** do **amor**. Porque Deus, na Sua **Natureza** sublime — da qual temos em nós uma **semelhança** —, com respeito à **unidade essencial**, fica com prazer em um **descanso** eterno. Com respeito à **tri-unidade**, Ele está trabalhando, numa **atividade** eterna. Cada um d'Eles é o aperfeiçoamento do outro, porque **descanso** habita em **unidade**, e **atividade** em **tri-unidade**. E assim ambos permanecem por toda a eternidade. Por isso, se uma pessoa puder **fruir** Deus, deve **amar**; e se ela tiver vontade de **amar**, então ela poderá **saborear**. (OPERA OMNIA v. 3, *Die Geestelike Brulocht [As bodas espirituais]*, b1996-b2004[1]; apud McGINN, 2014, p. 130)

O conhecido pesquisador sobre a mística cristã, Bernard McGinn, já comentou este texto em 2014. Eu tomo aqui emprestadas algumas de suas orientações[2].

---

1. Todas as referências são da OPERA OMNIA, edição crítica das obras de Ruysbroeck, em onze volumes. Sempre nos referimos aos números de linhas, e não às páginas.
2. McGINN, 2014, p. 130 e seguintes, que uso aqui, até os exemplos que McGinn dá, para o texto até o parágrafo A mística "natural" *versus* a mística "perversa".

Neste trecho, há muita terminologia que é essencial na linguagem mística de Ruysbroeck: amor, amar, fruir, descanso, atividade, natureza, semelhança, saborear, unidade, unidade essencial, tri-unidade. A unidade final que Ruysbroeck mostra para os seus leitores é essencialmente trinitária: "descanso habita em unidade, e atividade em tri-unidade" exatamente porque "cada um deles é o aperfeiçoamento o outro". Segundo Ruysbroeck é o poder do amor que nos permite entrar na interação das três Pessoas que são um só Deus.

A mística trinitária de Ruysbroeck deve muito ao neoplatonismo cristão, especialmente ao paradigma "descanso interno — fluxo exterior, refluxo interior". Falando da Trindade, isso significa, que, segundo Ruysbroeck, essa Trindade pode ser caracterizada como um dinamismo constante e simultâneo entre o gozar do amor insondável, entre o fluxo exterior e o refluxo interior e a volta para o abismo insondável, que é a essência de Deus. Esse modelo dinâmico, pleno de dialética, é uma intuição original de Ruysbroeck. O objetivo da vida mística, se pudermos falar de um objetivo, é obter sempre mais participação nessa dinâmica trinitária, que experienciamos normalmente de maneira distinta e sucessiva. Essência, atividade e descanso são os três momentos dialéticos na teologia trinitária de Ruysbroeck. Porém, a teologia mística de Ruysbroeck é principalmente uma "teologia do amor" no seu dinamismo e não uma investigação abstrata e metafísica sobre a natureza da essência de Deus.

Vamos então ver mais em pormenor a doutrina trinitária de Ruysbroeck. No entendimento de Ruysbroeck, a plenitude primordial do Pai é a "fonte" do Filho e do Espírito Santo:

> Na Sua natureza profícua, o Pai é um Deus onipotente, Criador e Realizador do céu, da terra e de todas as criaturas. Da Sua natureza Ele dá à luz ao Seu Filho, que é a Sua Sabedoria eterna, um só com Ele na natureza, um outro em pessoa, Deus de Deus, por Quem tudo foi feito (Jo 1,3). O Espírito Santo, a terceira pessoa, emana do Pai e do Filho, que é um só com Eles na natureza, isto é: o Amor insondável no qual Eles são eternamente abraçados em amor e gozo, e nós todos com Eles — uma vida, um amor, um fruir. Deus é um só na Sua Natureza, Trindade e fecundidade, e três Pessoas devidamente distintas. As três Pessoas são

unidade por Natureza, e são tri-unidade nas suas próprias Essências. (OPERA OMNIA v. 9, *Os sete degraus*, 1161-1172)

Devemos sublinhar que Ruysbroeck localiza a primordialidade do Pai na natureza e não na essência de Deus. No vocabulário de Ruysbroeck, há dois aspectos suplementares na unidade divina: a essência como descanso e gozo eterno, e a natureza, que é o Pai em si, como fonte de toda emanação.

> Pois descobrimos de fato que o seio do Pai é nosso próprio fundo e nossa origem, onde começamos nossa vida e nosso ser. De nosso próprio fundo — ou seja: do Pai e de tudo que tem vida n'Ele — resplandece uma claridade eterna que é o nascimento do Filho. Nessa claridade, ou seja, no Filho, o Pai, e tudo que tem vida n'Ele, é manifesto para Si mesmo. Porque tudo o que Ele é e tudo o que Ele possui, Ele dá ao Filho, menos a propriedade da paternidade, que é exclusiva Sua. (*As bodas espirituais*, nl. 54-56, p. 197-199 [ímpares] neste livro)

O Filho contém os arquétipos transcendentais de tudo o que foi criado e, nesse sentido, é a base do papel do Verbo Encarnado. Essa exemplaridade do efluir do Filho do Pai é central na teologia mística de Ruysbroeck.

Igualmente importante é o papel do Espírito Santo, que, segundo Ruysbroeck, não é apenas o amor que liga o Pai ao Filho, e vice-versa, mas também o refluxo de todos os objetos criados em Deus, e ultimamente, o refluxo das pessoas divinas no abismo insondável da divindade. Num trecho característico, Ruysbroeck descreve essa dinâmica do Espírito Santo nas seguintes palavras:

> [...] nas relações das Pessoas há conhecimento mútuo e amor, fluxo e refluxo entre o Pai e o Filho, por meio do amor do Espírito Santo, que é o amor dos dois. Mas a unidade do Espírito Santo, em quem as Pessoas vivem e reinam, é ativa no fluxo, atuando frutuosamente todas as coisas, de acordo com a nobreza, a sabedoria e o poder das Pessoas. Porém, no influxo das Pessoas, a unidade do Espírito Santo está prazerosamente atraindo para dentro e contendo as Pessoas sem distinção, num fruir do amor insondável, que é Deus em Ser e Natureza. Olha, assim Deus é em Si mesmo com Si mesmo, em conhecimento, em amor, em propriedade,

em gozo de Si mesmo, acima de todas as criaturas. (OPERA OMNIA v. 7A, *As doze beguinas*, 2b, 47-57)

É essencial relembrar que, em quase todos os sentidos, a vida trinitária é o exemplo arquetípico do homem, como vamos ver agora, ao abordar o tema da antropologia mística.

b. Antropologia mística: o homem como *imago* e *similitudo* ("imagem" e "semelhança") de Deus, e Deus como "exemplar"

Seguindo uma longa tradição, que começa com Santo Agostinho, Ruysbroeck distingue as faculdades menores e superiores na nossa alma. As menores são, por exemplo, os cinco sentidos, o sentimento, o afeto. Na perspectiva medieval, eles têm como centro o coração, que é, basicamente, o centro da vida corporal. As faculdades menores sempre têm um lugar importante na experiência mística, porque Ruysbroeck nunca desvaloriza algum nível do ser humano. Tudo está interligado e inclusivo.

As três faculdades chamadas superiores são a memória (*memoria*), a inteligência (*ratio*) e a vontade (*voluntas*), cujo centro é chamado a "essência" ou o "fundo". Nesse fundo da nossa alma somos um espelho vivo da imagem de Deus, nas palavras de Ruysbroeck:

> Somos todos feitos segundo essa Imagem eterna, porque, na parte mais nobre da nossa alma, isto é, no fundo das nossas faculdades superiores, somos feitos um espelho vivo eterno de Deus, no qual Deus imprimiu sua Imagem eterna e ao qual nenhuma outra imagem pode chegar. O espelho sempre fica perante o Rosto de Deus. (OPERA OMNIA v. 8, *O espelho*, 904-909)

Isso representa o nível estrutural, natural, ontológico e permanente no relacionamento entre homem e Deus.

Ao explicar como devemos entender o conceito da alma humana sendo o espelho de Deus, Ruysbroeck cita Gênesis 1,26, e usa as seguintes palavras:

> No início do mundo, quando Deus quis criar o primeiro ser humano na nossa natureza, Ele falou na Trindade das Pessoas: "Façamos o homem à

nossa imagem e semelhança" [Gênesis 1,26]. E Ele criou a alma de cada pessoa como um espelho vivo, no qual Ele imprimiu a imagem da Sua natureza. Assim Ele vive representado em nós e nós n'Ele, porque a nossa vida criada é unida sem mediação com a imagem e com a vida que temos eternamente em Deus. E a vida que temos em Deus é, sem mediação, una em Deus. (OPERA OMNIA v. 8, *O espelho*, 1786-1795)

O símbolo do espelho representa ao mesmo tempo a nossa dependência permanente de Deus e o imediato da relação entre Deus e a alma, isto é, a eterna e viva unidade deles. Esta inerência de uma realidade em outra, representa a junção de duas coisas, que não compromete a essência criada da alma.

O homem não é só imagem de Deus, também há a semelhança com Deus, isto é, possui características trinitárias dentro de si. Por exemplo, a memória é tradicionalmente ligada ao Pai, a inteligência ao Filho e a vontade ao Espírito Santo — para apenas mencionar as faculdades superiores. Com essa semelhança Ruysbroeck quer só exprimir um outro aspecto da imagem.

Mas, além disso, essa semelhança tem ao mesmo tempo um aspecto sobrenatural: enquanto o homem responde às graças de Deus, ele recebe uma semelhança sobrenatural com Deus. Esta semelhança deve ser pensada como uma realidade dinâmica e viva. Deus é sempre novo e sempre exige novas reações do homem. Isso é o "ser essencial" do homem, e continua na vida eterna. A vida essencial é uma das mais importantes noções na obra de Ruysbroeck. Esta vida essencial, vivida como sobrenatural, é também a união natural entre Deus e o crente.

Face a este discurso do homem como espelho de Deus, como imagem e semelhança, é compreensível que Ruysbroeck nunca afirma que a união mística seria uma forma preferível, ou mesmo única, de vida espiritual; a mística não possui dimensão ética. Ruysbroeck, depois de falar da união mística com Deus, emite a seguinte opinião:

> Essa união com Deus todas as boas pessoas boas têm, mas durante as suas vidas elas nunca vão saber como acontece isso, a menos que sejam piedosas e livres em relação a todas as criaturas. No mesmo momento que o homem se afasta dos pecados, ele é recebido por Deus na unidade

de si mesmo, na parte mais elevada do seu espírito, para que descanse em Deus, agora e para todo o sempre. E ele recebe graças e uma semelhança a Deus, no domínio das suas faculdades, para que possa aumentar novas virtudes e crescer nelas. Enquanto a semelhança em amor e virtudes perdurar, a unidade consiste em descanso e não se pode perder, exceto por pecado mortal. (OPERA OMNIA v. 3, *As bodas espirituais*, b1721-b1730)

Fica evidente que a única condição para a imediata união com Deus é o afastamento dos pecados, e desde então não há diferença alguma entre o místico e o crente "normal". Tudo isso é completamente lógico dentro da antropologia mística e da mística trinitária de Ruysbroeck e, podemos acrescentar, da sua imagem positiva do homem.

c. A "vida comum" e o "homem comum" como objetivo da vida mística: "uma vida de amar generosamente"

Agora que conhecemos alguns dos conceitos principais, podemos falar de um outro assunto muito importante, mas difícil de explicar. Trata-se da palavra-chave "ghemein", que significa mais o menos "comum" ou "geral", "o que está compartilhado com todo mundo". Nem em neerlandês moderno temos uma palavra que explicaria bem o conteúdo. Vamos tentar descrever este tema, o quanto for possível, nas próprias palavras de Ruysbroeck. O "exemplar" dessa vida comum é o Cristo (o uso da palavra "comum" está em negrito):

> Agora veja, como o Cristo se deu como **comum** em verdadeira fidelidade. Sua oração interior exaltada fluiu para o Pai, e era **comum** para todos que queriam ser salvos. Cristo era **comum** em amar, ensinar, reprovar, consolar com mansidão, dar com generosidade, perdoar com misericórdia e compaixão. Sua alma e Seu corpo, Sua vida e morte e Seu serviço eram e são **comuns**. Cristo nunca recebeu alguma alimentação nem sustento para Seu corpo, mas destinou tudo para o bem **comum** de todos que seriam salvos até os últimos dias. Cristo nunca teve alguma coisa para Si mesmo, mas tudo era **comum**: corpo e alma, mãe e discípulos, manto e túnica. Comeu e bebeu para o nosso bem-estar, viveu e morreu por nossa causa. Seus tormentos, sofrimentos e miséria Lhe são próprios

e de Si mesmo, mas o lucro e o proveito que emanem são **comuns**, e a glória de Seus méritos ficará **comum** pela eternidade. (OPERA OMNIA v. 3, *As bodas espirituais*, b1273-b1288)

Essas palavras de Ruysbroeck já explicam um pouco melhor o tema abordado. Por conseguinte, o verdadeiro místico tem, da mesma maneira que o Cristo, tudo em comum com o mundo. O verdadeiro místico, em outras palavras, pratica esse fluxo e refluxo simultâneos, que caracterizam as Pessoas da Trindade. O verdadeiro místico é chamado por Ruysbroeck "o homem comum". Por isso, o místico, além de trabalhar pelo bem-estar no mundo, conhece também esse refluxo, que resulta do descanso em Deus:

> Ele deve voltar para dentro, junto com todos os santos e com todas as boas pessoas, e possuir a unidade do seu espírito em paz, e, além disso, ter a unidade sublime na qual todos os espíritos descansam. Isso é uma verdadeira vida espiritual, porque todos os meios e virtudes, interiores e exteriores, e as faculdades superiores da alma, são assim enriquecidas de modo sobrenatural, como é conveniente. (OPERA OMNIA v. 3, *As bodas espirituais*, b1048-b1050)

A "vida comum" tem a ver, claro, com o conceito muito bem conhecido de "vida ativa" e "vida contemplativa", que na Idade Média eram consideradas como complementares. A diferença é que para Ruysbroeck não há dualidade nenhuma: descansar em Deus e trabalhar no mundo é uma perfeita síntese e acontecem ao mesmo momento. No meu entendimento, fica muito perto do conceito inaciano de "contemplação na ação".

d. A mística "natural" *versus* a mística "perversa"

Como já observamos, a antropologia de Ruysbroeck é baseada na noção de que todo homem tem seu modelo em Deus. Todo homem também é, na sua essência, um espelho, semelhança, e uma imagem de Deus. Ruysbroeck reconhece que, embora aconteça raramente, o homem poderia fazer uma experiência mística sem as graças de Deus e igualmente sem a intervenção do Espírito Santo:

O segundo caminho é o caminho da luz natural. Este caminho da luz natural, ao longo do qual se pode viajar com virtudes naturais e na passividade do espírito, é chamado "natural", porque uma pessoa pode percorrê-lo sem o impulso do Espírito Santo e sem graças divinas sobrenaturais. (OPERA OMNIA v. 4, *O reinado dos amantes*, 206-208)

Isso pressupõe uma introversão do homem para o fundo da alma, onde ele é o espelho de Deus. É o lugar de encontro entre Deus e homem, e representa um caminho que está, em princípio, sempre aberto.

O reverso da mesma medalha é que essa estrutura da alma humana abre a porta para uma mística que Ruysbroeck chama de pérfida. Porque se coloca a possibilidade de que, graças a técnicas de meditação, o homem chegue ao seu fundo da alma, nesse lugar onde ele é o espelho de Deus. Ruysbroeck faz dessas técnicas uma descrição nos seguintes termos, que nos lembra muito das técnicas usadas nas religiões da Ásia (budismo, ioga etc.). Para Ruysbroeck, porém, essa descrição tem uma conotação completamente negativa:

> O modo de fazer dessas pessoas consiste em um estar quieto, sem trabalhar, com a sensualidade inativa e sem imagens, voltando-se para dentro de si mesmo. (OPERA OMNIA v. 10, *As quatro tentações*, 204-206)

Ele fez a mesma descrição em outros lugares, por exemplo no tratado *As bodas espirituais*:

> É um estar quieto sem exercícios internos nem externos, numa ociosidade, para que o descanso possa ser encontrado e não seja perturbado. (OPERA OMNIA v. 3, *As bodas espirituais*, b1986-b1988)

No entendimento de Ruysbroeck, essas pessoas consideram-se deuses e pensam que a sua essência, que encontram no fundo da alma, já é Deus, em vez de uma imagem e semelhança:

> Essas pessoas têm a sua essência como ídolo. Porque elas acham que têm e são uma essência única com Deus, e isso é impossível. (OPERA OMNIA v. 10, *As quatro tentações*, 208-210)

Para Ruysbroeck, o problema sempre consiste no fato de que essa experiência da sua essência criada não tem nada a ver com Deus, e que,

por isso, um encontro em amor não acontece. Para Ruysbroeck mística sempre significa encontro em amor. Com suas críticas duras, ele tinha em vista as beguinas heterodoxas e em particular o movimento do Espírito Livre.

e. Críticas à Igreja

São poucas as pessoas, mesmo no mundo acadêmico, que vão associar um autor místico medieval com duras críticas à Igreja. Mas é exatamente isso que acontece nas obras de Ruysbroeck. Mais ou menos 5% dos seus textos, segundo uma estimativa do Prof. Guido De Baere, SJ, o editor-chefe das obras completas de Ruysbroeck, denunciam os abusos na Igreja, o mais extenso no último tratado de Ruysbroeck, *As doze beguinas*. Ruysbroeck era um místico que tomava uma posição clara contra os abusos na Igreja. Um exemplo das explosões de fúria de Ruysbroeck é este trecho, tirado do tratado *As doze beguinas*:

> O maior grupo que hoje em dia governa a Santa Igreja são discípulos do traidor Judas. Eles são vazios de qualquer graça ou virtude. Procuram tudo o que é temporal e desprezam o que é eterno, e o mostram para todo mundo pelas suas obras. [...] Estes discípulos de Judas que agora reinam sobre a Santa Igreja são gananciosos, invejosos e avarentos; eles colocam qualquer bem espiritual à venda. Se eles tivessem a possibilidade e possuíssem o poder, eles venderiam por dinheiro aos pecadores o Cristo e a Sua graça, bem como a vida eterna. Eles são iguais a seu mestre, que vendeu a vida do Cristo aos judeus pecaminosos e enforcou-se nos tormentos do inferno. (OPERA OMNIA v. 7A, *As doze beguinas*, 2b, 1294-1296; 2b, 1308-1313)

E assim, Ruysbroeck continua a fulminar por mais de mil linhas (na edição moderna). Na verdade, a Igreja no século XIV era uma Igreja em crise profunda. Durante os anos 1309-1377, os papas residiram não em Roma mas em Avignon, na França, onde foram progressivamente submetidos aos reis da França. A crise agravou-se durante o Grande Cisma, que começou durante a vida de Ruysbroeck, em 1378, e durou até 1417. Houve papas e contrapapas, em Avignon e Roma.

O Concílio de Constança, na Alemanha/Suíça, marcou o fim do cisma, mas é lembrado igualmente pela execução criminosa de Jan Hus, no dia 6 de julho 1415. Durante o século XIV também as ordens e a hierarquia eclesiástica estavam em decadência. Mas existiam outros fatores que contribuíram para a crise espiritual na segunda metade do século XIV.

Durante os anos de 1346 a 1351 aconteceu uma pandemia de peste, que deixou entre 25 e 50 milhões de mortos, apenas na Europa. Ao mesmo tempo aconteceram más colheitas, atribuídas às mudanças climáticas, que causaram uma catástrofe de fome nos anos 1315-1317 (JORDAN, 1996). E havia também a assim chamada Guerra dos Cem Anos, entre a França e a Inglaterra, que terminou no ano de 1353. Neste ano, comparado com cem anos antes, a população de Europa tinha diminuído até a metade (sobre esta guerra veja SUMPTION, 1999-2016; mais em geral sobre o século XIV, JORDAN, 2001). Não admira que teve muita contestação social, que contribuiu igualmente para o caos na sociedade (NEWMANN, 1996; sobre o país de Ruysbroeck especificamente: TEBRAKE, 1993).

Todos esses fatores juntos causaram uma profunda crise moral e material na Europa medieval. Foram muitas as pessoas que perderam toda confiança na Igreja Católica e buscaram alternativas espirituais, por exemplo no movimento do Espírito Livre (que o próprio Ruysbroeck combateu a ferro e fogo; veja sobre esse movimento e o posicionamento de Ruysbroeck KORS, 2001). Os poderes seculares e eclesiásticos reagiram de modo implacável a essas novas formas de espiritualidade, consideradas heréticas, e a partir de 1365 uma perseguição violenta de grupos heréticos aconteceu, especialmente no espaço linguístico alemão, mas depois igualmente na Bélgica e Holanda. Mostram isso, claramente, as bulas dos papas Urbano V e Gregório XI, decretadas a partir do ano 1365, e também os decretos do ano de 1369, redigidos pelo imperador Carlos IV, nos quais ele ordena na Bélgica e Holanda a busca ativa e a destruição de livros considerados heréticos, todos escritos em língua vernácula. O decreto do ano 1373 é ainda mais severo, porque nesse documento Carlos encarregou seus suseranos de colaborar com o inquisidor pontifício

para ser mais eficiente ainda na destruição desses livros contestados. (Sobre esses decretos e bulas veja mais em pormenor KORS, 2001 e KORS, 2007, p. 113-114, 144, 162.)

Nesse contexto, Ruysbroeck escreveu suas críticas à Igreja em língua vernácula. Nessa época valeu, então, variando as palavras de Guimarães Rosa: "escrever é perigoso, muito perigoso". Porque os tratados de Ruysbroeck foram aproximados, ironicamente, até pelos seus amigos, com as ideias heréticas do movimento do Espírito Livre. A intenção de criticar e reformar a Igreja não é, pois, de maneira alguma, uma invenção do protestantismo. Ruysbroeck influenciou muito um movimento reformador, a *Devotio Moderna*. Falando da *Devotio Moderna*, passaremos a falar da influência de Ruysbroeck até o século XVI.

f. A influência de Ruysbroeck: a *Devotio Moderna* durante os séculos XIV-XV

O movimento reformador da *Devotio Moderna* deve muito a Ruysbroeck. Talvez o nome do movimento seja pouco conhecido no Brasil, mas quase todo mundo já ouviu falar de Tomás a Kempis, o representante mais famoso deste movimento e cujo livro *De imitatione Christi* (A Imitação de Cristo) é um dos livros mais traduzidos no mundo e um clássico da literatura cristã. A *Devotio Moderna*, por sua vez, influenciou até Erasmo de Rotterdam, que foi aluno numa das escolas do movimento, embora não gostasse nada do sistema escolar.

A *Devotio Moderna* começou por volta do ano 1370 com o movimento chamado Os Irmãos e As Irmãs da Vida Comum. Eles viviam uma vida religiosa sem uma regra de ordem monástica, e nesse sentido tiveram semelhança com o movimento das beguinas, do qual Hadewijch era representante importante. Como estas, esse movimento procura uma religiosidade profunda e individual em tempos difíceis, começando durante o Grande Cisma ocidental. O conceito da "vida comum" não nos lembra à toa o "homem comum" e a "vida comum" de Ruysbroeck. O pai carismático da *Devotio Moderna*, Geert Grote (1340-1384), era um grande admirador de Ruysbroeck e o visitou no

seu mosteiro. Geert Grote traduziu também duas obras de Ruysbroeck, *O reinado dos amantes* e *As bodas espirituais*. Além desse movimento da Vida Comum, existia a Congregação de Windesheim, que fazia parte do movimento *Devotio Moderna* desde o século XIV. No noroeste da Europa a Congregação tinha quase 100 mosteiros, na atual Holanda, Bélgica, Suíça e Polônia. Não é exagero dizer que a *Devotio Moderna* foi o último movimento de reforma medieval antes de Lutero e antes do cisma definitivo na Igreja ocidental.

g. Ruysbroeck e a Espanha no século XVI

Pode-se dizer que, no Brasil, a mística carmelitana é muito mais conhecida do que a tradição anterior, isto é, a mística medieval. Por isso, eu gostaria de fazer algumas observações sobre a recepção de Ruysbroeck na Espanha durante o século XVI.

As obras de Ruysbroeck foram traduzidas para o espanhol só no fim do século XVII. Mas algumas obras dele em latim foram publicadas muito antes, em 1512 e 1538, em Paris e Bolonha, respectivamente. Em 1552 as obras completas foram traduzidas para o latim pelo monge cartuxo alemão Laurentius Surius. Existiu, pois, a possibilidade de leitores espanhóis terem lido Ruysbroeck por meio dessas traduções. Frei Juan de los Ángeles (1536-1609), importante autor franciscano, foi um desses leitores e citou Ruysbroeck nas obras dele, usando o texto em latim de Surius. A influência de Ruysbroeck por via direta no círculo dos franciscanos está então estabelecida.

E João da Cruz? O pesquisador espanhol Miguel Norbert Ubarri escreveu e pesquisou sobre a possível influência de Ruysbroeck nas obras de João da Cruz. Embora ele não exclua a possibilidade dessa influência, não há prova alguma que João tenha de fato lido Ruysbroeck. Pode-se dizer o mesmo quanto a Teresa de Ávila. Porém, parece muito provável que os grandes escritores carmelitanos conheceram aquilo que se chama a mística flamenga. O intermediário foi muito provavelmente Hendrik Herp, um autor do século XV, que retomou a doutrina mística de Ruysbroeck e que foi lido na Espanha do século XVI.

A mística de Ruysbroeck, profundamente trinitária, sistemática e sempre escrita de maneira objetiva, nunca falando sobre as suas experiências próprias, está, porém, longe da mística afetiva de Teresa e João, que, neste sentido, são, para mencionar um autor medieval, mais próximos de Bernardo de Claraval.

Ao fim desse parágrafo, quero falar da dificuldade da leitura das obras de Ruysbroeck, no texto original, devido ao fato de estarem escritos no dialeto medieval de Bruxelas. Problema que vem desde a época da vida de Ruysbroeck. Muitos dos seus contemporâneos não eram capazes de ler neste dialeto e já naquele tempo, durante a sua vida, Ruysbroeck teve obras traduzidas para o latim, o alemão e outras línguas. Um contemporâneo de Ruysbroeck, Frade Geraldo (veja o texto completo em tradução, neste livro, a partir da página 47), escreveu por volta de 1370 sobre isso, com as seguintes palavras:

> Além disso, é preciso saber que os tratados e os livros do Dom João de Ruysbroeck foram copiados em grande quantidade no Brabante e em Flandres, e nos países vizinhos. Por isso, às vezes foram traduzidos da língua vernácula do Brabante para outras línguas e também para o latim, com a finalidade de serem lidos em países distantes. Nessa época, havia uma grande necessidade de instruções sagradas e perfeitas na língua vernácula, devido a certas hipocrisias e doutrinas falsas que começavam a germinar. (Frade Geraldo O. Cart., *Prólogo*, nl. 13-16, p. 48 neste livro)[3]

---

3. Aqui como em outros lugares, os números se referem à numeração que se encontra nas traduções em português neste livro.

3
Ruysbroeck como autor "inspirado"

Por volta do ano 1370, os confrades de Ruysbroeck confeccionaram um manuscrito de grande formato, composto por dois volumes, reunindo as obras completas. Um volume desse manuscrito ainda existe e está conservado na Biblioteca Real de Bruxelas[1]. Esse volume contém uma iluminura muito famosa representando Ruysbroeck e que foi feita em volta do ano 1400, pouco depois de sua morte. Se é um retrato fiel, não sabemos e pouco importa, pois é mais relevante o que essa pintura diz sobre Ruysbroeck como autor:

© Bruxelas, Biblioteca Real, ms. 19.295-97; data em volta do ano 1400 (detalhe).

Na iluminura ao lado esquerdo, vemos Ruysbroeck abaixo de uma árvore. Isso representa sem dúvida a floresta onde ficava seu mosteiro. Sabemos que Ruysbroeck, muitas vezes, procurava a solidão da floresta para meditar e escrever. Sobre ele voa um pombo, símbolo do Espírito

---

1. Sobre esse manuscrito, veja KIENHORST & KORS, 2003.

Santo. Nas mãos de Ruysbroeck está uma tabuleta de cera. Desde os tempos dos egípcios, romanos e gregos as tabuletas de cera foram usadas para escrever e anotar.

A tabuleta de cera que está nas mãos de Ruysbroeck e que ele utiliza para anotar as palavras inspiradas pelo Espírito Santo, nós a vemos de volta à direita, onde um secretário está de pé em frente de uma escrivaninha, usando a tabuleta de cera com as anotações de Ruysbroeck, para compor o texto definitivo num pergaminho. Aqui Ruysbroeck é representado como um autor, *auctor* em latim, e o produto final, o manuscrito, fica ao meio, no chão. Pode até simbolizar o manuscrito que contém a iluminura que estudamos agora. Essa iluminura revela um aspecto importante sobre Ruysbroeck como autor: os escritos dele foram, segundo seus contemporâneos, em primeiro lugar diretamente inspirados pelo Espírito Santo. Só depois foi composto um texto que correspondesse às exigências da retórica. Isso significa que, para o leitor medieval, Ruysbroeck fala em primeiro lugar como homem inspirado por Deus e só depois como escritor. Quero ressaltar que este modo de representação foi mais ou menos um lugar comum, no que diz respeito a autores místicos, como na iluminura de Hildegarda de Bingen aqui representada:

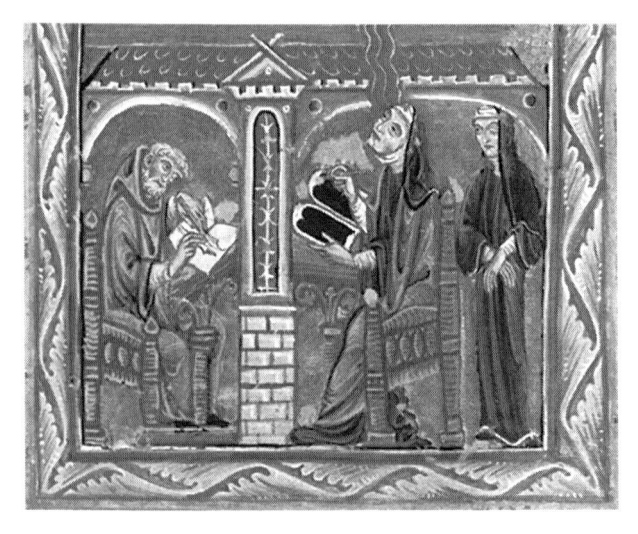

© Lucca, Biblioteca Statale, ms. cl 1942; data em volta dos anos 1200-1250.

Vemos aqui a autora com uma tábula de cera, escrevendo as visões que ela recebe de Deus por meio do Espírito Santo (processo representado pelas chamas em cima da sua cabeça). À esquerda vemos o secretário Volmar, que escreve e redige o texto em pergaminho. As semelhanças com a iluminura de Ruysbroeck são fortes.

Representando Ruysbroeck como autor inspirado, os confrades o colocaram, com essa iluminura, deliberadamente na tradição dos autores místicos inspirados por Deus, assim reivindicando uma posição de grande autoridade para Ruysbroeck. Com a iluminura de Ruysbroeck, os seus confrades nos deram uma chave de leitura para os textos que constam nesse manuscrito: os escritos de Ruysbroeck são escritos sob a inspiração de Deus e não podemos duvidar da ortodoxia de sua doutrina.

4
A recepção das obras de Ruysbroeck

Embora a obra de Ruysbroeck fosse controversa (Jean Gerson, 1363-1429, por exemplo, julgava alguns dos conceitos de Ruysbroeck de caráter herético), prevaleceu finalmente sem grandes problemas a noção de que a doutrina mística dele é perfeitamente ortodoxa. Interpretações errôneas frequentemente podiam ser imputadas a uma leitura teológica — para não dizer: escolástica — de textos que representam em primeiro lugar uma narrativa de experiência pessoal. O fato de Ruysbroeck ter escrito todas as suas obras em neerlandês médio, em lugar do latim, a linguagem dos eruditos, contribuiu sem dúvida ainda mais para a incompreensão dos teólogos da época. Todavia, nos séculos depois da morte de Ruysbroeck, em 1381, seu prestígio e sua importância aumentaram continuamente. Durante os séculos XV e XVI foram confeccionados muitos manuscritos, elaboradas novas traduções em várias línguas europeias e, na análise subsequente, fica evidente que vários autores místicos europeus devem muito ao vocabulário e à doutrina mística de Ruysbroeck, até aos nossos dias.

Durante o século XIX, Ruysbroeck se tornou cada vez mais reconhecido no ambiente acadêmico, em primeiro lugar nacional, depois internacional, e portanto deveria ser incluído no círculo dos grandes autores místicos da tradição europeia. Na pesquisa acadêmica podemos distinguir dois pilares fundamentais: a. os estudos filológicos dedicados às obras de Ruysbroeck; b. a pesquisa teológica sobre a doutrina mística.

a. Filologia: a edição acadêmica das obras de Ruysbroeck e a pesquisa dos manuscritos

A publicação das obras de Ruysbroeck pelos flamengos J.-B. David e F.A. Snellaert, em seis volumes, representa a primeira contribuição acadêmica à edição moderna. A edição saiu durante os anos 1858-1869 e era baseada numa seleção de manuscritos considerados na época como os mais importantes. Segundo as críticas posteriores, a deficiência dessa edição é que não é sempre evidente qual manuscrito foi usado, nem em que medida variantes textuais de outros manuscritos foram incorporadas.

Como base mais sólida para futuras edições serviu o estudo codicológico dos manuscritos das obras de Ruysbroeck por Willem De Vreese. Ele publicou os resultados da sua pesquisa durante os anos 1900-1902, num livro de não menos de 700 páginas (DE VREESE, 1900-1902).

Pouco tempo depois foi fundada, em 1925, pelos jesuítas flamengos da Antuérpia, a "Ruysbroeckgenootschap" ("Sociedade Ruysbroeck"), na qual, embora dedicada à pesquisa geral da cultura religiosa dos Países Baixos e Flandres até 1750, os estudos sobre Ruysbroeck sempre ocuparam um lugar muito importante.

Em 1932, a Sociedade Ruysbroeck apresentou uma nova edição crítica das obras de Ruysbroeck, em quatro volumes. Devido à falta de tempo, escolheram-se como base somente alguns manuscritos, mas os resultados da pesquisa codicológica de Willem De Vreese foram considerados suficientes. As correções no texto original são sempre justificadas e se evidencia qual manuscrito foi usado para a edição dos tratados. Durante os anos 1944-1948, foi publicada, também em quatro volumes, uma segunda edição, revisada, que, todavia, não podia ser considerada "definitiva".

As pesquisas filológicas do jesuíta flamengo Guido De Baere realizadas durante os anos sessenta e setenta, resultaram a partir de 1981, sob a sua direção e, novamente, sob a égide da Sociedade Ruysbroeck, na edição crítica das obras de Ruysbroeck, em onze volumes; o último volume foi apresentado em 2006. Essa nova edição considera todos os manuscritos transmitidos das obras de Ruysbroeck. Devido à impor-

tância internacional que Ruysbroeck ganhou como autor, a edição foi incorporada na série afamada *Corpus Christianorum/Continuatio Mediaeualis*. Além de uma edição crítica do texto em neerlandês médio, os volumes contêm uma tradução em inglês moderno e uma versão em latim humanístico, elaborada pelo monge cartuxo Surius e publicada no ano 1552 em Colônia.

A relevância perdurável de Ruysbroeck como autor místico foi confirmada pela edição, em 2014, na *Scholars Version* da mesma série *Corpus Christianorum*, da tradução inglesa das obras (volume 1) e dos textos originais em neerlandês médio (volume 2), baseados na edição crítica dos onze volumes das OBRAS COMPLETAS (COMPLETE RUUSBROEC, 2014). Algumas correções foram feitas nos textos em neerlandês médio e as traduções inglesas foram rigorosamente revisadas. O objetivo do *Scholars Version* é a promoção da pesquisa dos textos de Ruysbroeck, sem a necessidade de explorar os onze volumes. Desta maneira, não apresenta a tradução em latim humanístico, nem os comentários críticos e as variantes textuais dos manuscritos.

b. Teologia: a doutrina mística de Ruysbroeck

Não é inteiramente correto dizer que o conteúdo das obras de Ruysbroeck foi meramente estudado desde um ponto de vista teológico. Mas, sob a reserva de algumas exceções importantes (por exemplo WARNAR, 2007; NOË, 2001), está certo dizer que há pouca pesquisa sobre os aspectos literários ou sociais dos seus tratados, e que a abordagem teológica é dominante (veja os críticos sobre esse estado da arte em RUH, 1999, p. 29-30; nessa obra de referência, as páginas 26-77 são dedicadas a Ruysbroeck).

Ruysbroeck conseguiu, devido ao livro *Mysticism* de Evelyn Underhill de 1911 e à monografia *Ruysbroeck* publicada em 1915, uma ruptura fundamental no âmbito acadêmico internacional. Depois que Underhill deu um lugar proeminente para Ruysbroeck na sua pesquisa de 1911, na monografia *Ruysbroeck* fica evidente, já nas primeiras linhas, que ela coloca Ruysbroeck num alto nível internacional. Desde

então, a opinião favorável sobre Ruysbroeck como autor místico de nível internacional nunca foi contestada. Um século depois das publicações de Underhill, vemos sua opinião confirmada, por exemplo, na obra de referência de Bernard McGinn, *The varieties of vernacular mysticism, 1350-1550*, de 2012 (p. 5-61 são dedicadas a Ruysbroeck) ou em *A Companion to John of Ruysbroeck*, publicado pela editora internacional Brill, quase cem anos depois da monografia *Ruysbroeck*. Também o lugar distinto de Ruysbroeck no *Dictionnaire de Spiritualité ascétique et mystique* mostra a importância de doutrina de Ruysbroeck no âmbito internacional (AMPE, 1977).

Um elemento importante na pesquisa teológica representa a defesa de Ruysbroeck como autor ortodoxo (AMPE, 1951-1957; ALAERTS, 1981). Nos últimos decênios, essa tendência diminuiu em favor de estudos mais focados no conteúdo e na originalidade da doutrina mística (VAN NIEUWENHOVE, 2003; SWART, 2006; MOMMAERS, 2009). Um resumo conciso dos elementos mais significativos dessa doutrina encontra-se em COMPLETE RUUSBROEC, 2014 (v. 1, p. 14-17).

TRADUÇÃO DOS TEXTOS

Sobre a escolha dos textos para a tradução

Fora dos germanistas especializados na literatura da Idade Média, são poucas as pessoas que sabem ler Ruysbroeck na sua linguagem original, mesmo na Holanda ou na Bélgica. Essa limitação já se constata para o tempo da vida de Ruysbroeck, quando seus textos atingiram a área linguística alemã atual e, para melhor entendimento, foram adaptados aos dialetos regionais. Foram também traduzidos alguns tratados importantes pelo confrade e contemporâneo de Ruysbroeck, Willem Jordaens, para o latim, com o objetivo de atingir um público mais amplo (outro objetivo era, sem dúvida, aumentar a autoridade de Ruysbroeck, porque os eruditos medievais serviam-se apenas do latim). Em 1552, foi publicada a tradução em latim de Surius, nova etapa na recepção internacional; este texto é ainda importante, devido ao fato de que Surius tinha acesso a manuscritos que hoje em dia estão perdidos. As traduções, porém, não servem apenas o público de acadêmicos; entre leigos há igualmente interesse nos textos oriundos da tradição mística, com a condição de que estejam disponíveis na língua nacional. Textos de autores místicos medievais são, porém, escassos no mundo lusófono e não sempre foram traduzidos do texto original; podemos mencionar aqui as edições de Beatriz de Nazaré, Eckhart, Hadewijch e Hildegarda de Bingen (NAZARÉ, 2018; ECKHART, 1999; ECKHART, 2004; ECKHART, 2006-2008; HADEWIJCH, 1989; HILDEGARDA DE BINGEN, 2015).

Como vimos antes, Ruysbroeck escreveu onze tratados e algumas cartas de tamanho diminuto. Um dos tratados não apresenta elementos

da mística, e há também uma obra sucinta sobre o *Credo* (*Sobre a fé cristã*), que não atende ao nosso objetivo. A maior obra de Ruysbroeck, *O tabernáculo espiritual*, apresenta uma interpretação exaustiva do tabernáculo do Velho Testamento e essa temática em si assusta muitos leitores potenciais modernos. Outro tratado volumoso, *Sobre as doze beguinas*, é a última obra de Ruysbroeck e mostra várias caraterísticas de um texto inacabado, faltando além disso uma estrutura clara. Esse tratado representa, junto com o *Tabernáculo*, 50% do volume das obras de Ruysbroeck. Como sua obra principal e mais madura é geralmente considerada *Die geestelike brulocht (As bodas espirituais)*, todavia o tamanho considerável faz impossível uma tradução integral dentro de um prazo delimitado. Por esse motivo, apresentamos aqui apenas uma tradução da terceira e última parte de *As bodas*, que trata do estágio mais alto da vida mística.

Além disso, escolhemos fazer a tradução integral de dois tratados sucintos, mas com conteúdo importante e interessante: *O livrinho de explicação* e *A pedra brilhante*.

O tratado *O livrinho* contém uma síntese sumária da doutrina mística. Ruysbroeck escreveu-o a pedido de monges cartuxos de um mosteiro perto de Groenendaal, após uma visita que ele fez ali, por volta de 1362, para dar explicações sobre os escritos dele.

O tratado *A pedra* foi escrito igualmente a pedido, desta vez de um eremita, cujo nome não se sabe. Ruysbroeck escreveu esse texto provavelmente durante os anos 1343-1350 e trata da fase mais alta na vida mística. Por esse motivo, o tratado, embora longe de simples, é muito relevante para entender a doutrina mística de Ruysbroeck.

A edição crítica dos textos originais em neerlandês médio, na série *Corpus Christianorum/Continuatio Mediaeualis* (onze volumes), vai servir como base para a tradução de Ruysbroeck. Todos os textos (e as traduções para o inglês) foram revisados para a publicação do *Complete Ruusbroec* em 2014 (dois volumes). Essa edição menciona para os tratados *O livrinho* e *A pedra* só uma correção para cada um, quase irrelevante para nossa presente tradução (veja COMPLETE RUUSBROEC, 2014, v. 1, p. 836), e para a terceira parte de *As bodas* duas correções de ortografia, (veja idem, p. 836). Em todos os casos,

adotaremos a repartição dos textos em parágrafos segundo essa última edição.

As traduções do *Livrinho* e da *Pedra* serão precedidas de uma tradução do assim chamado *Prólogo* do frade cartuxo Gheraert de Sanctis (†1377), que foi testemunha presencial da visita de Ruysbroeck aos monges cartuxos na cartuxa de Herne, por volta do ano 1362, quase vinte anos antes da morte de Ruysbroeck. O Frade Gheraert confeccionou o *Prólogo* para servir de introdução a uma coleção de cinco textos de Ruysbroeck que ele compilou. O *Prólogo* fala, entre outros, do contexto da nascença dos dois tratados, *A pedra* e *O livrinho*, e representa o primeiro relatório sobre Ruysbroeck de alguém que efetivamente o encontrou. Por esse motivo é de grande importância histórica.

A tradução das obras de Ruysbroeck por Laurentius Surius, O. Cart. (1523-1578)

Uma etapa importantíssima pela divulgação das obras de Ruysbroeck na Europa foi a tradução integral em latim renascentista das obras de Ruysbroeck, feita pelo monge cartuxo Laurentius Surius. A edição foi publicada em Colônia, no ano de 1552 (reedições em 1608/1609 e 1692). Além de ser uma tradução muito fiel ao texto original de Ruysbroeck, o livro serviu de base para quase todas as traduções em outras línguas europeias, até o ano 1869, quando foram traduzidos, por Ernest Hello, alguns textos de Ruysbroeck a partir do original neerlandês medieval para o francês, depois que fora publicada a primeira edição das obras completas de Ruysbroeck em língua vernácula por David e Snellaert (1858-1868), como acima mencionado. Por esses motivos, a tradução de Surius representa já em si um monumento literário e faz parte integral da edição moderna das obras de Ruysbroeck.

Consequentemente, parece adequado editar essa tradução latina no presente livro. As divergências entre o texto em latim e o original em neerlandês estão anotadas em rodapé — divergências, não necessariamente erros, porque não sabemos que manuscritos medievais Surius

usava para a sua tradução[1]. A edição do texto em latim será uma oportunidade para o leitor brasileiro de conhecer Ruysbroeck através de duas traduções diferentes. O texto da tradução de Surius é conforme à edição moderna de Ruysbroeck, *A pedra brilhante* OPERA OMNIA 10, p. 100-182 (páginas pares); *O livrinho de explicação*, OPERA OMNIA 1, p. 106-158 (idem); a terceira parte de *As bodas espirituais,* OPERA OMNIA 3, p. 572-600 (idem). Porém, a repartição dos textos em parágrafos é geralmente conforme à última edição do texto neerlandês medieval, como consta no COMPLETE RUUSBROEC.

Temos algumas diferenças constantes entre os textos de Ruysbroeck e a tradução de Surius, como se poderá perceber também na presente edição em português. Surius adicionou ao texto de Ruysbroeck títulos de capítulo que não constam nos manuscritos medievais que nós conhecemos e que, por essa razão, o leitor não encontrará na tradução portuguesa. Uma peculiaridade de muitos tradutores medievais (e pós-medievais) é o fato de que, para traduzir uma palavra, eles usavam muitas vezes duas palavras muito semelhantes. Por exemplo: *absolutus et perfectus* para *perfeito* ("volcomen" em holandês). Este tipo de variantes não será mencionado no rodapé.

Algumas reflexões sobre a tradução para o português moderno

De um modo geral, nota-se que existe pouca reflexão acadêmica sobre como traduzir, para as línguas modernas, textos medievais escritos em língua popular, sejam de conteúdo religioso ou não. São formulados normalmente princípios *ad hoc*, como seja a fidelidade ao texto original, sem procurar em primeiro lugar uma tradução literária e, menos ainda, literal.

Nós tentaremos respeitar os princípios da muito apreciada tradução inglesa, como foram definidos no último volume da edição crítica das obras de Ruysbroeck, do modo seguinte:

---

[1]. As diferenças para *O livrinho de explicação* já constavam na edição das obras completas (veja OPERA OMNIA 1, p. 106-158 — páginas pares) e as adotamos neste livro.

O objetivo do tradutor foi apresentar o próprio texto de Ruysbroeck o mais literal e fiel possível, evitando qualquer tentativa de "melhorar" estilisticamente o texto medieval neerlandês. Algumas expressões são ambíguas no texto original e não tentamos esclarecê-las para o leitor moderno.

Uma dificuldade específica representa o problema de traduzir com exatidão o vocabulário técnico-místico que o autor desenvolve e continua através das obras completas. Isso nos pôs diante do desafio de desenvolver uma terminologia mística que ficasse fiel ao autor, a fim de não o fazer dizer mais — ou menos — em inglês do que ele pretendeu escrever. Em raros casos adicionamos palavras ao texto, entre parênteses, onde for necessário, para o melhor entendimento do texto[2].

Durante o trabalho de tradução, constatamos que muitas vezes foi possível achar uma terminologia semelhante ao original, sem a necessidade de recorrer a neologismos.

A tradução portuguesa dos originais neerlandeses (página ímpar) acompanha a tradução latina de Surius (página par). No texto português aparecem, em subscrito e cinza, os números da *edição crítica do original neerlandês*, que, marcados com "nl." nas notas, servem para localizar na tradução portuguesa o texto referenciado.

---

2. "The goal of the translator was to render Ruysbroecks own text as literally and as faithfully as possible, avoiding all fancies of style which might attempt to improve upon the Middle Dutch work. Some expressions are ambiguous in the original; we have not attempted to resolve them for the reader.

Especially difficult was the problem of an accurate rendition of the authors technical, mystical vocabulary, which is consistently developed and continued throughout the entire corpus of his works. This gave us the task of finding a basic terminology which would be faithful to the author, not making him say more — or less — in English than he himself originally intended.

When for the sake of clarification, rare additions are made to the text, these are placed within parentheses." (OPERA OMNIA v. 5, p. 85)

1
Prólogo a uma coleção de obras de Ruysbroeck, por Frade Gerardus de Sanctis, O. Cart. (†15 de março de 1377)

Introdução: ocasião e data

Por volta do ano de 1362, quando já tinha quase 70 anos, Ruysbroeck recebeu um convite dos monges cartuxos de Herne, perto de Bruxelas, com a finalidade de visitar o mosteiro deles e de tirar pessoalmente algumas dúvidas sobre a sua doutrina mística. Sabemos dessa visita graças a um relato pessoal do Frade Gerardus de Sanctis. Ele entrou na ordem dos cartuxos em 1338, na cartuxa de Herne, fundada em 1314, e morreu na cartuxa de Liège, Bélgica, no dia 15 de março de 1377. O nome "De Sanctis" sugere que Gerardus foi originário de Saintes, uma pequena cidade a 15 quilômetros de Bruxelas (sobre Gerardus, veja SCHOLTENS, 1967).

Na segunda metade do século XIV, Herne foi um centro muito importante para a literatura espiritual e mística em neerlandês medieval. Ainda, hoje em dia, temos dezenas de manuscritos provenientes do mosteiro de Herne (veja KWAKKEL, 2002). Por exemplo, o prior do mosteiro, Petrus Naghel (†1395), foi um dos tradutores do latim mais produtivos em toda a Idade Média europeia. Ele traduziu, entre outros clássicos da tradição cristã, quase toda a Bíblia Vulgata para o neerlandês medieval (veja KORS, 2007, com resumo em inglês). Nesse contexto "literário-espiritual" devemos situar a visita de Ruysbroeck. O relato pessoal de Frade Gerardus, escrito em algum momento entre 1362 e 1377, é um *Prólogo* a uma coleção de cinco obras de Ruysbroeck que Gerardus compôs e que continha cinco tratados, na seguinte ordem:
1. O reinado dos amantes
2. O Tabernáculo espiritual

3. As bodas espirituais, chamado por Gerardus: O ornamento das bodas espirituais
4. A pedra brilhante
5. O livrinho de explicação, chamado por Gerardus: A explicação da verdade mais alta

O manuscrito de Gerardus contendo essa coleção de tratados de Ruysbroeck não foi encontrado até agora. Só o *Prólogo* chegou às nossas mãos, graças às cópias em dois manuscritos da segunda metade do século XV. O *Prólogo* é o único relatório sobre Ruysbroeck escrito por um contemporâneo e que testemunhou presencialmente esta visita, e, por este motivo, tão importante e preciosa. Gerardus fala também das origens dos dois tratados que são traduzidos abaixo: *A pedra brilhante* e *O livrinho de explicação*. Analisaremos esses trechos na introdução aos dois tratados de Ruysbroeck.

No que diz respeito ao livro *As bodas espirituais*, Gerardus relata somente, numa frase, que Ruysbroeck o considerava "seguro e bom" e que esse tratado foi distribuído até na Baviera, na Alemanha.

Embora Gerardus fale muito positivamente sobre o tratado mais volumoso da sua coleção, O *Tabernáculo espiritual*, censurou um longo trecho, que continha uma crítica dura aos abusos por todos os quadrantes da Igreja. Ele também adicionou alguns comentários, trinta e dois no total, extraídos de vários autores, assim como da sua própria autoria, para esclarecer o texto desse tratado (veja OPERA OMNIA v. 5, p. 134-136).

O *Prólogo* foi editado pela primeira vez pelo pesquisador belga Willem De Vreese, em 1895 (DE VREESE, 1895), e essa edição representa a base da nossa tradução, que segue abaixo.

O *Prólogo* de Dom Gerardus, que foi prior[1] na ordem dos cartuxos e colecionou os livros copiados abaixo

1 A luz da graça divina não pode ficar escondida, mas deve revelar-se em obras, palavras ou outros sinais do homem que a aporta. Porque o reverendo padre, que escreveu esses cinco 2 tratados, tinha dentro de si uma graça abundante, ele não a queria revelar só nas suas obras virtuosas e palavras espirituais, mas também nos seus escritos, com a finalidade de que, muito 3 tempo depois dele, os homens pudessem ainda ser edificados por esses tratados.

Esse autor[2] se chama João de Ruysbroeck, que foi primeiro um padre piedoso e capelão na igreja de 4 Santa Gúdula, situada em Bruxelas, no Brabante. Nessa cidade, ele já começou a escrever alguns de seus livros. Em seguida, ele tinha a intenção de retirar-se das turbulências da sociedade. 5 Então, com a ajuda de outro capelão, piedoso como ele, porém mais rico, de nome Dom Vranc Van Coudenberghe, eles fundaram para o benefício deles uma modesta morada, no 6 sudeste de Bruxelas, que ficava uma milha adentro da Floresta de Soignes[3]. Ela estava situada num vale chamado "Vale Verde", onde já se encontrava antes a ermida de um eremita. Porém, 7 foi sempre a intenção de Dom João ficar subordinado a Dom Vranc, e nesse lugar os dois começaram uma vida piedosa na solidão.

Deus, entretanto, queria que mais homens tirassem proveito da 8 piedosa perfeição e fossem formados segundo o exemplo religioso deles. Sendo assim, algumas pessoas de boa vontade, tanto leigos como religiosos, habitantes de várias cidades de 9 Brabante, juntaram-se a eles, para uma vida em comum. Dom João, embora tenha preferido manter-se afastado dessa congregação, não contrariou o seu desenvol-

---

1. Gerardus nunca foi *prior* mas sim *procurator* do mosteiro de Herne, de 1343 até 1347.
2. Gerardus usa a palavra latina *auctor*, o que significa que, para ele, Ruysbroeck faz parte da tradição acadêmica latina, embora escrevesse seus tratados em neerlandês.
3. Essa Floresta ainda existe e tem uma superfície de 44 km^2.

vimento, pois sabia 10 que Dom Vranc desejava aumentar o amor de Deus em mais pessoas. Ele era convencido, como ensina nos seus tratados, de que podia, ao mesmo tempo, trabalhar com as coisas 11 desse mundo e descansar em Deus.

Em seguida, eles queriam, sob a inspiração divina, adotar uma regra de vida religiosa aprovada pela Santa Igreja, para que a congregação se tornasse 12 mais coesa e duradoura. Eles adotaram o hábito e a regra dos cônegos de Santo Agostinho e receberam oito pessoas, ou mais, que fizeram os votos e que elegeram Dom Vranc como 13 diretor, e Dom João era prior sob as ordens dele. Eles observavam as regras da ordem de maneira fiel e rigorosa aos olhos de Deus e virtuosa aos olhos dos homens.

Além disso, 14 é preciso saber que os tratados e os livros do Dom João de Ruysbroeck foram copiados em grande quantidade no Brabante e em Flandres, e nos países vizinhos. Por isso, às vezes foram 15 traduzidos da língua vernácula do Brabante para outras línguas e também para o latim, com a finalidade de serem lidos em países distantes. Nessa época, havia uma grande necessidade 16 de instruções sagradas e perfeitas na língua vernácula, devido a certas hipocrisias e doutrinas falsas que começavam a germinar. Dom João descreveu-as com clareza ao fim da segunda 17 parte do livro *O ornamento das bodas espirituais* e mencionou-as frequentemente em outros livros seus.

Por esse motivo, eu, Frade Gerardus, da Ordem dos Cartuxos, 18 da nossa casa "Capela da Nossa Senhora", perto [da cidade] de Herne, à medida que esses livros passaram nas minhas mãos, comecei a estudá-los com atenção, segundo a 19 capacidade da minha inteligência. Achando-os em perfeita concordância com a doutrina da Santa Igreja e em conformidade com as instruções dos principais Doutores, 20 copiei-os e colecionei-os no presente manuscrito, com o objetivo de que eu e outras pessoas pudéssemos tirar proveito disso para o bem das nossas almas. Apesar de conter muitas 21 palavras e frases que vão além da minha compreensão, eu tenho certeza de que são valiosas. Quando o Espírito Santo ilumina para escrever uma doutrina clara e lúcida, a compreendemos 22 sem esforço. Todavia, uma doutrina mais elevada exige mais da nossa inteligência, e quando a doutrina for elevada além

da conta, então nós humilharemos perante Deus e os Doutores 23 que a escreveram.

No entanto, eu e alguns dos meus confrades, atrevemo-nos a pedir ao Dom João que viesse nós visitar, com a finalidade de explicar oralmente algumas palavras elevadas 24 que tínhamos encontrado nesses livros. Em particular, o que ele diz no primeiro livro[4], *O reinado [dos amantes]*, onde ele fala amplamente sobre o dom do conselho, com o que ficamos 25 perplexos e o convidamos para vir até o nosso mosteiro. Embora tivesse dificuldade, ele, com a sua bondade habitual, consentiu e veio, a pé, percorrendo uma distância 26 de mais de cinco grandes milhas [de Brabante][5].

Há muitas coisas edificantes que se poderiam dizer sobre ele: a sua aparência madura e alegre, a sua fala mansa e humilde, o seu 27 devoto modo de fazer, a sua modéstia no traje e em todo o seu comportamento. Em particular é preciso notar que, quando ele estava conosco no mosteiro e lhe pedimos para dar uma 28 explicação espiritual conforme seu alto entendimento, ele não quis falar do seu próprio mérito. Ele deu, porém, alguns exemplos e palavras dos santos Doutores, com os quais 29 ele pretendeu nos ensinar no amor de Deus e fortalecer no serviço da Santa Igreja.

Quando dois ou três de nós o chamamos à parte, para falar sobre os seus livros, e dissemos que os 30 adquirimos e copiamos todos, ele parecia, no seu coração, totalmente livre de qualquer vanglória, como se não fosse ele o autor. Numa conversa privada com ele, falei das palavras que 31 constam no primeiro livro que ele escreveu, isto é, no tratado *O reinado dos amantes*, e com as quais ficamos perplexos. Ele respondeu-me, calmamente, que ele não sabia que 32 esse livro tinha sido divulgado e lamentou a sua publicação, porque foi o primeiro tratado que

---

4. Gerardus faz referência ao primeiro livro da sua coleção, que, por acaso, é também o primeiro tratado que Ruysbroeck escreveu.

5. Uma grande milha de Brabante é em volta de 6,5 quilômetros. Frade Gerardus foi muito preciso, o *Google Maps* conta para um pedestre contemporâneo uns 35 quilômetros de distância.

ele fez. Um padre, o secretário de Dom João, no-lo tinha emprestado em segredo, ainda 33 que Dom João lhe interdissesse a difusão do livro. No momento em que aprendi esse fato, eu quis lhe restituir esse primeiro livro, *O reinado dos amantes*, para fazer com ele como 34 quisesse, mas ele recusou. Entretanto, ele disse que ia fazer um outro livro, de explicação, sobre como ele entendia as palavras difíceis e como queria que as entendêssemos. E 35 assim fez, e é o último livro dos cinco que estão copiados abaixo, começando com as palavras "O profeta Samuel"[6].

Os dois ou três dias que esse venerável 36 religioso ficou conosco nos pareceram muito curtos, porque todos os que falaram ou ficaram com ele se tornaram melhores. Quando pedimos delicadamente que permanecesse mais 37 tempo conosco, respondeu: "Meus queridos irmãos, em primeiro lugar é preciso ser obediente. Prometi ao meu superior, ao nosso diretor, de voltar para a nossa casa tal dia, e 38 me permitiu estar ausente até essa data. Tenho então que ir embora, afim de cumprir a obediência". Essas suas palavras nos edificaram muito.

Acerca do segundo livro, 39 *O ornamento das bodas espirituais*, Ruysbroeck disse que o considerava seguro e bom, e que foi divulgado até ao pé dos Alpes[7].

O livro *O tabernáculo*, 40 que segue logo depois, recomenda-se por si mesmo, porque não há ninguém no corpo da Santa Igreja, seja o Papa ou o crente mais humilde, que não obtenha um fruto espiritual, 41 desde que o leia e entenda. O tratado, ao mesmo tempo, recomenda o autor, porque contém muitas verdades espirituais súteis, obtidas das matérias mais complicadas, que são 42 encontradas por toda a Bíblia e que, uma vez unificadas, têm foco em uma realidade, isto é: na alma do homem, exatamente como o tabernáculo com tudo o que lhe pertence se refere 43 a uma só obra. Reconheço que inseri na obra *O tabernáculo* algumas anotações marginais com pareceres de outros Doutores acerca

---

6. Na Idade Média, era muito comum identificar um livro pelas primeiras palavras do texto. — Gerardus fala nesse parágrafo sobre *O livrinho de explicação*, que de verdade começa com essas palavras (veja a tradução neste livro, nl. 1, p. 61).

7. Existem várias traduções desse livro para o alemão medieval, e também para o bávaro, ao qual Ruysbroeck se refere aqui.

da descrição do exterior do tabernáculo, não 44 com a intenção de diminuir o valor dos escritos desse autor, mas para que o leitor perspicaz e esclarecido possa encontrar alguns assuntos de meditação. No mesmo livro, no lugar onde 45 ele começa a falar dos vinte pássaros que Deus proibiu comer, eu omiti, por bons motivos, uma longa acusação contra todos os estados da Santa Igreja. Ele escreveu esse trecho 46 porque lamentava que todos esses estados, desde o início, tivessem moralmente caídos tão fundo e caíssem ainda mais. Esse assunto, porém, se encontra com certeza em outras cópias 47 desse livro.

Sobre o quarto livro da coleção, *O anel*, também chamado *A pedra brilhante*, é preciso saber que, em algum momento, Ruysbroeck 48 encontrou-se com um eremita e conversou de matérias espirituais. No momento da partida, esse Frade pediu-lhe para esclarecer a conversa com alguns textos, para que ele e 49 outros leitores se tornassem melhores. Respondendo ao pedido do eremita, ele escreveu este livro, que, por si só, contém uma doutrina adequada para conduzir qualquer pessoa a uma 50 vida perfeita.

Já comentei sobre as circunstâncias da origem do quinto livro, isto é, *A explicação da verdade mais alta*. 51 Além de outras explicações que apresenta nesse livro, Ruysbroeck explica três categorias de união com Deus que um homem virtuoso pode ter. O primeiro 52 é "com mediação", o segundo "sem mediação" e o terceiro "sem diferença ou sem distinção". Com o sentido literal das palavras "sem diferença" ficamos perplexos, porque 53 significa nada menos que: sem nenhuma alteridade, sem estranheza, sem distinção. Contudo, não é possível que a alma se una com Deus desta maneira, de modo que se tornem 54 um único ser, como Ruysbroeck mesmo salienta nesse livro. É necessário, pois, analisar por que razão ele chama essa terceira união de "sem diferença". A este respeito, tenho a 55 seguinte opinião. A primeira união, ele chama de "com mediação"; a segunda, de "sem mediação"; e para a terceira, ele queria descrever uma união ainda mais estreita. 56 Porém, não conseguiu descrevê-la em uma só palavra, sem recorrer a uma paráfrase, a não ser usando esse termo: "sem diferença", embora essa expressão fosse um pouco complicada 57 para exprimir a sua intenção. Por essa

razão, ele explica tudo com as próprias palavras do Cristo, quando Ele rogou ao Seu Pai para que todos os Seus amados fossem um só 58 [veja Jo 17,21], como Ele mesmo é um com o Pai [veja Jo 10,30]. Não obstante Cristo rogasse assim, Ele não quis dizer: "um", igual ao modo como Ele é com o Pai, uma só substância da 59 Divindade. Porque isso é impossível. Mas, de certa forma, da maneira pela qual Ele mesmo é, sem distinção, um só gozo e uma só bem-aventurança junto com o Pai.

Há pessoas que, 60 embora conheçam o neerlandês melhor do que o latim, não gostam de estudar livros espirituais em neerlandês e os preferem em latim. Essas pessoas não procuram o fruto espiritual, 61 isto é, estarem instruídos. Pois não é possível para mim extrair todas as lições dos escritos dos quais dificilmente entendo a linguagem, ou com alguma escassez, ou não entendendo 62 absolutamente nada. Entretanto, é possível ganhar um entendimento dos escritos nos quais não posso errar no significado das palavras, nem pela construção das frases. E se eu 63 conseguir entendê-los, posso estar instruído, mas quando não os entendo, nunca vou aprender coisa alguma.

Deve-se realçar também que esses livros estão escritos no 64 autêntico dialeto de Bruxelas, de maneira que se encontram nele poucas palavras latinas ou francesas, ou frases emprestadas de outras línguas. O uso do dialeto de Bruxelas por 65 Ruysbroeck é, porém, mais preciso do que as pessoas o falam habitualmente, isto é, elas frequentemente suprimem ou elidem o artigo pronominal, como no seguinte exemplo. Quando 66 elas querem dizer *dat ierste, dat andere, dat derde, dat vierde* [= esse primeiro, esse segundo, esse terceiro, esse quarto], elas extinguem normalmente as duas últimas letras do 67 artigo *dat*, e falam: *dierste, dandere, derde, tfierde*. Elas fazem assim igualmente com outras sílabas e palavras. Como esse autor pretendia ensinar perfeitamente a verdade inteira, 68 ele escreveu e elaborou os seus artigos, palavras, frases e livros de uma maneira perfeita, para a glória de Deus e para o nosso bem.

Aqui termina o *Prólogo* aos cinco livros seguintes.

2
João de Ruysbroeck:
O livrinho de explicação

Introdução: ocasião e data

Estamos muito bem informados sobre o "nascimento" deste tratado de Ruysbroeck, um caso bastante raro na literatura medieval, e isso graças ao Prólogo de Frade Gerardus O. Cart., já mencionado acima.

Frade Gerardus — um leitor ávido, admirador, mas, ao mesmo tempo crítico de Ruysbroeck — e alguns dos seus confrades ficaram perplexos com algumas expressões específicas na sua doutrina mística. Vamos ouvir o que Gerardus, depois dele exprimir sua admiração pelas obras de Ruysbroeck, disse:

> No entanto, eu e alguns dos meus confrades, atrevemo-nos a pedir ao Dom João, que viesse nós visitar, com a finalidade de explicar oralmente algumas palavras elevadas que tínhamos encontrado nesses livros. Em particular, o que ele diz no primeiro livro[1], *O reinado [dos amantes]*, onde ele fala amplamente sobre o dom do conselho, com o que ficamos perplexos e o convidamos para vir até o nosso mosteiro. (*Prólogo*, nl. 23-25, p. 49 neste livro)

Veremos depois o que exatamente impressionou tanto o Gerardus no texto do *Reinado dos amantes*, mas agora continuamos com o relato dele:

> Quando dois ou três de nós o chamamos à parte, para falar sobre os seus livros, e dissemos que os adquirimos e copiamos todos, ele parecia, no seu coração, totalmente livre de qualquer vanglória, como se não fosse

---

[1]. Gerardus faz aqui referência ao primeiro livro da sua coleção, que, por acaso, é também o primeiro tratado que Ruysbroeck escreveu.

ele o autor. Numa conversa privada com ele, falei das palavras que constam no primeiro livro que ele escreveu, isto é, no tratado *O reinado dos amantes*, e com as quais ficamos perplexos. Ele respondeu-me, calmamente, que ele não sabia que esse livro tinha sido divulgado e lamentou a sua publicação, porque foi o primeiro tratado que ele fez. Um padre, o secretário de Dom João, no-lo tinha emprestado em segredo, ainda que Dom João lhe proibisse a difusão do livro. No momento em que aprendi esse fato, eu quis lhe restituir esse primeiro livro, *O reinado dos amantes*, para fazer com ele o que quisesse, mas ele recusou. Entretanto, ele disse que ia fazer um outro livro, de explicação, sobre como ele entendia as palavras difíceis e como queria que as entendêssemos. E assim fez, e é o último livro dos cinco que estão copiados abaixo, começando com as palavras "O profeta Samuel". (*Prólogo*, nl. 29-35, p. 49-50 neste livro)

É assim, então, que nasceu *O livrinho de explicação*, em volta do ano 1362.

Começo do texto *O livrinho de explicação*. © Bruxelas, Biblioteca Real, ms. 3067-73, fol. 56r, dos anos 1365-75, as primeiras palavras são: *Die prophete samuel* (= "O profeta Samuel").

Vemos aqui uma cópia do texto, num manuscrito que está muito perto do original e que data dos anos 1365-1375, quase contemporâneo à gênese do *Livrinho*. Os manuscritos mais antigos das obras de

Ruysbroeck contêm sempre um texto só, são de tamanho muito pequeno, e isso para baixar os custos e facilitar a leitura privada. Esse livro, por exemplo, tem um tamanho de apenas 13 x 9 cm e consiste em apenas dois cadernos, com 24 páginas.

No seu Prólogo, Frade Gerardus explica qual foi a terminologia de Ruysbroeck que o havia impressionado, a ele e os seus confrades, quando leram o tratado já mencionado, *O reinado dos amantes*:

> Já comentei sobre as circunstâncias da origem do quinto livro, isto é, *A explicação da verdade mais alta* [título que Gerardus deu ao *Livrinho de explicação*]. Além de outras explicações que apresenta nesse livro, Ruysbroeck explica três categorias de união com Deus que um homem virtuoso pode ter. O primeiro é "com mediação", o segundo "sem mediação" e o terceiro "sem diferença ou sem distinção". Com o sentido literal das palavras "sem diferença" ficamos perplexos, porque significa nada menos que: sem nenhuma alteridade, sem estranheza, sem distinção. Contudo, não é possível que a alma se una com Deus desta maneira, de modo que se tornem um único ser, como Ruysbroeck mesmo salienta nesse livro. É necessário, pois, analisar por que razão ele chama essa terceira união de "sem diferença". A este respeito, tenho a seguinte opinião. A primeira união, ele chama de "com mediação"; a segunda, de "sem mediação"; e para a terceira, ele queria descrever uma união ainda mais estreita. Porém, não conseguiu descrevê-la em uma só palavra, sem recorrer a uma paráfrase, a não ser que usasse esse termo: "sem diferença", embora essa expressão fosse um pouco complicada para exprimir a sua intenção. Por essa razão, ele explica tudo com as próprias palavras do Cristo, quando Ele rogou ao Seu Pai para que todos os Seus amados fossem um só [veja Jo 17,21], como Ele mesmo é um com o Pai [veja Jo 10,30]. Não obstante Cristo rogasse assim, Ele não quis dizer: "um", igual ao modo como Ele é com o Pai, uma só substância da Divindade. Porque isso é impossível. Mas, de certa forma, da maneira pela qual Ele mesmo é, sem distinção, um só gozo e uma só bem-aventurança junto com o Pai. (*Prólogo*, nl. 50-59, p. 51-52 neste livro)

De fato, Ruysbroeck usou essa terminologia contestada por Frade Gerardus já no seu primeiro livro, *O reinado dos amantes*, nas seguintes palavras:

> Na fruição simples da essência [divina], eles [os homens] são um só com essa essência divina, sem diferença. Nessa união simples da essência

divina, não tem mais conhecimento, nem desejo, nem atividade [...] (OPERA OMNIA v. 4, *O reinado dos amantes*, 1994-1996)

Há dois problemas bastante graves aqui: ao enfatizar a união sem diferença, parece que Ruysbroeck está falando num nível ontológico, e isso representaria, no contexto da teologia cristã, uma heresia, porque as essências de Deus e do homem não podem fundir-se. Pois seria um ponto de vista que pertence ao panteísmo. A segunda frase ainda piora tudo, porque parece que Ruysbroeck se aproxima do assim chamado quietismo dos grupos heréticos, que incentivavam o fazer mais nada, porque já se terem tornado divinos. Porém, Ruysbroeck não desenvolve aqui uma ontologia, mas está simplesmente falando da experiência da união que o místico ou a mística tem. Então, Ruysbroeck está só falando do descanso interno, onde de fato, não tem mais atividade, mas esse descanso é sim a fonte de todas as obras e exercícios exteriores.

Vemos um eco claro do relatório de Gerardus sobre a gênese do *Livrinho*, quando Ruysbroeck diz na parte introdutória do tratado:

> Alguns dos meus amigos desejam, e me pediram, se for possível, que eu manifeste e explique em poucas palavras ao meu alcance, a verdade mais próxima e clara, como a entendo e sinto, sobre a doutrina mais elevada que escrevi, de modo que ninguém se possa ofender com minhas palavras, mas que todos se tornem melhores; isso farei de bom grado. (*Livrinho*, nl. 9-11, p. 63 neste livro)

Depois Ruysbroeck explica o que representa para ele o foco da controvérsia:

> Vê, eu disse assim: que o amante contemplativo de Deus está unido com Deus por meio de mediação, e igualmente sem mediação, e em terceiro lugar sem diferença ou distinção. E isso encontro na natureza, na graça e também na glória. Declarei igualmente que nenhuma criatura nem é, nem pode ser tão santa, que perca a sua essência criada e se torne Deus, nem mesmo a alma do Senhor Jesus Cristo: ficará criatura eternamente e outro que Deus. (*Livrinho*, nl. 13-15, p. 63 neste livro)

No seguinte, Ruysbroeck explica em pormenor qual a diferença entre o posicionamento dos grupos heréticos e ele, por exemplo quando ele fala de modo seguinte:

Ah, sim, alguns estão tão enlouquecidos que afirmam que as Pessoas passarão na Divindade e que naquela eternidade não permanece coisa alguma, salvo a substância essencial da Divindade, e que todos os espíritos bem-aventurados, com Deus, se encontrarão na beatitude essencial, tão simplesmente, que fora dela não permanece nada: nem vontade, nem atividade, nem conhecimento distinto de criatura alguma. (*Livrinho*, nl. 32-34, p. 67 neste livro)

Podemos entender que esse tipo de terminologia estava muito perto das palavras de Ruysbroeck, mas há uma grande diferença: as pessoas que Ruysbroeck aqui menciona estão falando de uma ontologia.

Além dessa polemica, Ruysbroeck fala amplamente, nesse pequeno tratado, sobre o estado mais alto na mística, que é a já mencionada união sem diferença.

Resumo do texto

Eis aqui um resumo do texto (conforme COMPLETE RUUSBROEC, 2014, v. 1, p. 66-67):

1. Prólogo (nl. 1-13):
   1.1. Saul e a mulher cananeia: a visão errada e correta da vida contemplativa (nl. 1-9)
   1.2. A ocasião para escrever este livro (nl. 9-13)
   1.3. Sumário dos temas deste livro (nl. 13-17)
2. A união com mediação (nl. 17-63):
   2.1. A união com mediação, no estado de graça (nl. 17-21)
   2.2. A união com mediação, no estado de glória (nl. 21-27)
   2.3. Conclusão, transição para 2.4 (nl. 27-30)
   2.4. Críticas àqueles que rejeitam esta união (nl. 30-60)
   2.5. Conclusão (nl. 60-63)
3. A união sem mediação (nl. 63-122):
   3.1. Transição de 3.1 para 3.2 (nl. 63-64)
   3.2. A atitude correta: ativa e passiva (nl. 64-71)
   3.3. O comportamento correto na consolação e na desolação (nl. 71-86)
   3.4. O impedimento para esta união: falta de abnegação (nl. 86-91)

- 3.5. Descrição desta união (nl. 91-101)
- 3.6. Esta união implica distinção (nl. 101-110)
- 3.7. Esta união penetra a pessoa inteira; transição para 4 (nl. 110-122)
4. A união sem diferença (nl. 122-188):
    - 4.1. Descanso e atividade na Trindade (nl. 122-142)
    - 4.2. Participação na vida trinitária (nl. 142-177):
        - 4.2.1. A participação tríplice (nl. 142-144)
        - 4.2.2. O efluir de Deus em relação à união com mediação (nl. 145-149)
        - 4.2.3. O trazer para dentro de Deus em relação à união sem mediação (nl. 149-162)
        - 4.2.4. A fruição por Deus e a união sem diferença (nl. 162-177)
    - 4.3. A oração de Cristo em favor dessa participação tríplice (nl. 177-188)
5. Epílogo (nl. 188-210):
    - 5.1. A vida contemplativa: harmonia na pessoa inteira (nl. 188-199)
    - 5.2. Submissão de Ruysbroeck à Igreja e aviso contra o panteísmo (nl. 199-208)
    - 5.3. Pedido de oração para o autor e todos os leitores (nl. 208-210)

D. IOANNIS RUSBROCHII DOCTORIS DIVINI ET EXCELLENTISSIMI CONTEMPLATORIS,

Libellus eximius Samuelis titulo, qui alias De alta Contemplatione, alias De unione dilecti cum dilecto, dicitur: et est velut Apologia et explanatio sublimium quorundam huius sanctissimi patris dictorum.

¶ *Ut superbis Deus resistat, humilibus det gradam. Caput I.*

Eximius ille Propheta Samuel olim regem planxit Saulem, tametsi non ignoraret contemptum eum et abiectum a Deo, ne regnaret super Israel[1], idque ob superbiam illius, et quod Deo eidemque Prophetae loco Dei non obtemperasset: Evangelica quoque narrat historia discipulos Iesu rogasse pro foemina Cananitide, ut eam Dominus dimitteret, id est, eius precibus annueret, eo quod post ipsos clamaret.

Itidem nimirum et nos hodie eversos quosdam ac deceptos homunciones merito lugere possimus, qui sibi videntur esse reges Israel, dum se putant supra caeteros bonos homines in sublimem contemplativam vitam esse elevatos, cum tamen superbia tumeant, et scientes ac dedita opera Deo ac legi divinae, et S. Ecclesiae cunctisque virtutibus non obtemperent: et sicut Saul scidit pallium Samuelis prophetae, ita isti Christianae fidei nitantur scindere unitatem, omnemque sanam et veracem doctrinam, et vitam virtutum studiosam. Porro qui in his perseverant malis, haud dubio ab aeternae contemplationis excluduntur ac disiunguntur regno, quemadmodum Saul ab Israelitici regni administratione reiectus est.

Contra vero humilis illa foemina Cananitidis, tametsi gentilis esset et extranea, quia tamen credidit ac speravit in Deo, suamque agnovit et confessa est coram Christo et eius Apostolis exiguitatem, eamobrem

---

1. *e a sua linhagem* (nl. 1) falta.

João de Ruysbroeck:
O livrinho de explicação

1 O profeta Samuel verteu lágrimas pelo rei Saul, embora soubesse que Deus o desprezara e o destituíra, a ele e a sua linhagem, da realeza em Israel. Foi por causa da sua soberba 2 e sua desobediência a Deus e a esse profeta mandado por Deus [1Sm 15,10-26]. Também se lê no Evangelho, que os discípulos suplicaram ao Senhor, para que Ele despedisse a mulher 3 pagã de Canaã e fizesse tudo o que ela desejava, porque ela vinha gritando atrás deles [Mt 15,21-28].

Da mesma maneira, posso dizer agora, que temos de chorar sobre essas pessoas enganadas 4 que se julgam reis de Israel, pois se consideram acima de todas as outras pessoas de bem que estão numa vida contemplativa elevada. Não obstante, elas são orgulhosas e deliberadamente 5 desobedientes a Deus, à Lei, à Santa Igreja e a todas as virtudes. Assim como o rei Saul rasgou o manto do profeta Samuel, elas fazem todos os esforços para rasgar a unidade da fé cristã, 6 assim como toda verdadeira doutrina e toda vida virtuosa. Todos aqueles que persistem neste caminho são excluídos e separados do reinado da contemplação eterna, assim como Saul 7 o foi do reinado de Israel [1Sm 15,27-28].

Pelo contrário, a mulherzinha humilde de Canaã, embora tenha sido pagã e estrangeira, cria e esperava em Deus. 8 Reconheceu e confessou a sua pequenez ao Cristo e aos Seus Apóstolos. E deste modo

gratiam et sanitatis beneficium, atque adeo quicquid voluit, impetravit. Humilem enim exaltat Deus, et cunctis eum implet virtutibus: superbo autem resistit, et is bonis omnibus manet vacuus.

¶ *Cur praesens confecerit opusculum. Caput II.*

Petierunt a me quidam amici mei, ut paucis verbis, quoad possim, proximam atque evidentissimam explicem et aperiam veritatem, quam equidem sentiam et intelligam de sublimissimis quibusdam dictis meis, uti ne quis ex verbis meis ullum patiatur offendiculum, sed omnes inde reddantur meliores. Faciam id equidem, ac lubens. Nanque humilitatem, virtutes, veritatem, divina fretus ope, diligam semper et docebo[2], ac declarabo: atque iis verbis fallaces et superbos quosdam intus confundam et obscurabo: quandoquidem re ipsa comperient, dicta mea ab ipsis plane dissentire, eisque esse contraria: quod superbi ferre non possunt, quin semper inde reddantur deteriores.

¶ *Ut Deo uniamur per medium. Caput III.*

Itaque scripsi quandoque hominem contemplatorem Deum amantem, Deo unitum esse per medium, et sine medio, atque etiam sine distinctione. Idque comperio ipse in natura, in gratia, et in gloria. At nihilo minus etiam hoc dixi, nullam creaturam tam sanctam aut esse aut posse effici, ut creatam suam amittat essentiam, et Deus fiat: immo nec ipsam quidem Domini Iesu animam id posse. Veruntamen si quidem beati esse debeamus, supra nosipsos in Deum ut sublevati, atque unus cum Deo in amore spiritus ut simus oportet[3]. Animadvertat igitur Lector verba mentemque meam, et probe me capiat, quaenam ratio sit vel modus et asscensus in aeterna nostra beatitudine.

---

2. *Nanque — docebo* em vez de *Com a ajuda de Deus, quero ensinar e iluminar os humildes que amam as virtudes e a verdade* (nl. 11-12).

3. *ficará criatura eternamente e outro que Deus* (nl. 15) falta.

recebeu graças e saúde, e tudo o que ela quisesse. Porque Deus levanta o humilde e o enche 9 com todas as virtudes, mas resiste ao soberbo, que permanece vazio de todas as coisas boas [Lc 1,52; 1Pd 5,5].

Alguns dos meus amigos desejam, e me pediram, 10 se for possível, que eu manifeste e explique em poucas palavras ao meu alcance, a verdade mais próxima e clara, como a entendo e sinto, sobre a doutrina mais elevada que escrevi, 11 de modo que ninguém se possa ofender com minhas palavras, mas que todos se tornem melhores; isso farei de bom grado. Com a ajuda de Deus, quero ensinar e iluminar os humildes, 12 que amam as virtudes e a verdade. E com as mesmas palavras vou perturbar e confundir interiormente os soberbos e enganadores, porque minhas palavras lhes serão contrárias e 13 desagradáveis. E isso os soberbos não aguentam e ficam ofendidos.

Vê, eu disse assim: que o amante contemplativo de Deus está unido com Deus por meio de mediação, e igualmente 14 sem mediação, e em terceiro lugar sem diferença ou distinção. E isso encontro na natureza, na graça e também na glória. Declarei igualmente que nenhuma criatura nem é, nem pode 15 ser tão santa, que perca a sua essência criada e se torne Deus, nem mesmo a alma do Senhor Jesus Cristo: ficará criatura eternamente e outro que Deus. Entretanto, para sermos elevados 16 em cima de nós em Deus, é fundamental que todos nós estejamos elevados em Deus, acima de nós mesmos, e que sejamos um só espírito com Deus em amor [1Cor 6,17]. Por essa razão, 17 guarda minhas palavras e minha opinião e entende-me muito bem, como seja o caminho e a ascensão à nossa beatitude eterna.

Principio ita aio, bonos omnes cum Deo per medium unitos esse, quod quidem medium, est divina gratia, et sanctae Ecclesiae sacramenta, et virtutes Theologicae, nempe Fides, Spes, Charitas, et vita virtutum studiosa secundum praecepta Dei: Quibus iungenda est mors illa, qua morimur vitiis, mundo, et quibuslibet inordinatis naturae oblectamentis. Atque per haec coniuncti et uniti manemus sanctae Ecclesiae catholicae, id est, cunctis hominibus bonis: Deoque obtemperamus, atque unius cum eo sumus voluntatis, quemadmodum aliquod religiosum ac bene constitutum coenobium cum suo Praefecto sive Praelato concordat atque coniungitur: Et sine hac unione nemo Deo placere, nec beatitudinem quisquam adipisci potest.

Qui vero unionem hanc simul cum his mediis ad ultimum usque vitae punctum servaverit, is est de quo Christus dicit apud sanctum Ioannem: Pater, volo ut ubi sum ego, illic et minister meus sit, ut videat claritatem quam dedisti mihi. Qui etiam alibi dicit de seipso, quod faciet ministros suos discumbere, videlicet in virtutum ipsorum quas fecerint, divitiis ac plenitudine, et transiens ministrabit illis, id est, gloriam suam, quam meritus est, omnibus amicis suis liberalissime prabebit ac manifestabit, atque etiam singulis quibusque speciatim, magis tamen et minus, aliis atque aliis, prout quisque dignus erit, et gloriae ac honoris ipsius, quem ipse solus sua vita suaque morte promeruit, celsitudinem capere ac intelligere valebit. Atque hoc pacto sancti omnes perenniter erunt cum Christo, et singuli in suo ordine, eoque quem per Dei gratiam operibus suis meriti fuerint, gloriae statu. Christus autem secundum humanitatem suam supra omnes tum angelos, tum homines beatos erit tanquam rex et princeps omnis gloriae et honoris, quae ipsius duntaxat humanitati supra creaturas omnes iure debentur.

Ex his ergo id licet animadverti, unitos nos esse Deo per medium, idque tam hic in gratia, quam postmodum in gloria. Atqui medii istius magna plane, ut ante diximus, tum vitae, tum praemii differentia atque diversitas est. Id quod probe satis perspectum habebat Apostolus cum diceret: Cupio dissolvi et esse cum Christo: non ait, cupio esse ipse Christus vel ipse Deus, uti hodie perversi quidam haeretici affirmare

Quanto ao primeiro ponto, digo que todas as 18 pessoas boas são unidas com Deus por meio de mediação. Essa mediação são: a graça de Deus, os sacramentos da Santa Igreja, as virtudes teologais, a esperança e o amor, e uma 19 vida virtuosa em conformidade com os mandamentos de Deus. Para isso é preciso a morte ao pecado, ao mundo e às delícias desordenadas da natureza. Assim permanecemos unidos 20 com a Santa Igreja, isto é, com todas as pessoas boas. Desta maneira, somos obedientes a Deus e uma só vontade com Ele, tal como um bom convento está em unidade com o seu 21 superior. E sem essa união ninguém pode agradar a Deus, nem pode ser bem-aventurado.

Quem guarda essa união até o fim da vida, é dele que fala o Cristo no Evangelho de João, rogando seu Pai: "Pai, quero que, onde 22 eu estiver, também meu servo esteja comigo, para que veja a minha glória que me deste" [Jo 17,24]. E em outro lugar, ele diz que os Seus servidores se assentarão ao banquete 23 [Lc 12,37], isto é, na riqueza e plenitude das suas virtudes que praticaram. E, rodeando-os, lhes oferecerá a Sua glória, que Ele mereceu. Essa glória, Ele a dará generosamente e 24 a revelará a todos os seus amados e a cada um em particular, a alguns mais, a outros menos, conforme o seu mérito e o entendimento da majestade da Sua glória e honra, que 25 só Ele mereceu, graças à Sua vida e morte. Desta maneira, todos os santos estarão eternamente com Cristo, cada um na sua ordem e no seu estado de glória, que, com a ajuda de Deus, 26 mereceu com suas obras. E Cristo, segundo a Sua humanidade, estará acima de todos os santos e anjos, como um Príncipe de toda glória e honra, que pertence só a Ele, acima de todas 27 as criaturas.

Vê, assim podes observar que estamos unidos a Deus por meio de uma mediação, assim aqui na graça, como também aí na glória. Nessa 28 mediação há grande diferença e alteridade, assim na vida como no prêmio, como eu lhe disse antes. E isso, São Paulo o tinha bem entendido, quando disse que ele tinha "desejo de partir 29 para estar com Cristo" [Fl 1,23]. Mas ele não disse "desejo ser o Cristo mesmo, ou Deus", como pretendem agora certas pessoas infiéis e perversas, que

non verentur, dum aiunt nullum se habere Deum, sed usqueadeo se sibi esse mortuos ac Deo unitos, ut ipsimet Deus effecti sint.

¶ *Describit impios quosdam sui temporis haereticos. Caput IIII.*

Huius farinae homines nuda quadam simplicitate et naturali propensione in essentiae suae nuditatem sese introrecipiunt, planeque persuasum habent, vitam aeternam nihil fore aliud, quam beatam quandam existentiam[4] absque ulla vel ordinum, vel vitae[5], vel praemiorum distinctione. Immo quidam ad id usque amentiae devoluti sunt, ut aiant divinitatis personas interituras, nec quicquam in illa mansurum aeternitate, nisi essentialis substantiam divinitatis, omnesque beatos spiritus tam simpliciter cum Deo in ipsam essentialem beatitudinem sese recepturos, ut extra eam nec voluntas, nec actio, nec cognitio distincta ullius creaturae sit remansura. Sed miseri isti in ociosa et occaecata propriae essentiae suae simplicitate prorsus aberrarunt, et tamen beati esse volunt[6]. Usque adeo enim simplices sunt, et tam ociose nudae essentiae animae suae, cui Deus semper inest, uniti sunt, ut nec foris nec intus ulla erga Deum diligentia et strenuitate ferveant, nec sese ad illum applicent et adiungant. In supremo enim illo, quo se ipsi intro receperunt, non nisi essentiae suae ex divina dependentis essentia simplicitatem sentiunt: eamque simplicitatem, quam possident, Deum esse credunt, eo quod naturalem in ea quietem reperiant: sicque putant seipsos esse Deum in suae fundo simplicitatis. Deficit enim eis vera fides, spes et charitas: atque ob nudum illud, quod sentiunt et possident, ocium, cognitionis et amoris expertes, atque a virtutibus immunes se esse confirmant: et eam ob rem absque ullo conscientiae scrupulo et accusatione vivere nituntur, quicquid etiam mali perpetrent: negliguntque et floccipendunt sacramenta omnia, virtutes omnes et cuncta sanctae Ecclesiae instituta. Putant enim nihil se his

---

4. *simples* (nl. 31) falta.
5. *vitae* em vez de *santidade* (nl. 31).
6. *dentro dos limites da sua natureza nua* (nl. 35) falta.

dizem que não têm Deus 30 nenhum, mas estão tão mortas a si mesmas e tão unidas a Deus, que se tornaram Deus.

    Vê, essas pessoas estão, por causa de sua plena simplicidade e propensão natural, voltadas 31 para a nudez da sua essência de tal forma que lhes parece que a vida eterna será nada mais do que uma essência, simples e bem-aventurada, sem distinção de hierarquia, de santidade 32 ou de recompensa. Ah, sim, alguns estão tão enlouquecidos que afirmam que as Pessoas passarão na Divindade e que naquela eternidade não permanece coisa alguma, salvo a substância 33 essencial da Divindade, e que todos os espíritos bem-aventurados, com Deus, se encontrarão na beatitude essencial, tão simplesmente, que fora dela não permanece nada: nem 34 vontade, nem atividade, nem conhecimento distinto de criatura alguma. Veja, essas pessoas estão perdidas numa simplicidade ociosa e cegada da própria essência, mas querem estar 35 bem-aventuradas dentro dos limites da sua natureza nua. Porque estão unidas, tão simples e ociosamente, com a essência nua da sua alma e com a habitação de Deus nelas, que, exterior 36 nem interiormente, têm ardor nem devoção por Deus. Porque naquele lugar supremo, dentro do qual se encontram, elas só sentem a simplicidade da sua essência, pendurada na 37 essência de Deus. Acham que essa plena simplicidade, que elas possuem, é Deus, porque aí encontram uma quietude natural. Por esse motivo elas mesmas se consideram o 38 próprio Deus no fundo da sua simplicidade, porque lhes faltam verdadeira fé, esperança e amor. Por meio do vazio nu que eles sentem e possuem, dizem que estão sem conhecimento, 39 sem amor e quites de virtudes. Por isso pretendem viver sem escrúpulo nenhum a respeito de qualquer mal que praticam. Desprezam todos os sacramentos, todas as virtudes e todos 40 os exercícios da Santa Igreja, porque julgam que precisam de nada

habere opus, ut qui excesserint omnia: imperfectis autem ea dicunt esse necessaria.

Quidam autem in hac simplicitate usque adeo obduruerunt ac inveterarunt, ut omnia Dei opera, quae is unquam egerit, totamque scripturam tam nihilipendant ac negligant, ac si nullum unquam iota scriptum sit. Existimant enim id se iam invenisse et obtinuisse, cuius causa scriptura omnis confecta sit: idque est caeca illa essentiae suae, quam experiuntur, requies et ocium. Et tamen Deum ipsum, et vias omnes, quae ducant ad ipsum, amiserunt. Nihilo enim pius devotionis, vitae internae, sanctae exercitationis habent, quam cadaver mortuum. Ac nihilo minus quandoque ad venerabile accedunt sacramentum, atque nonnunquam de sacris loquuntur scripturis, scilicet ut hac ratione melius se simulare et occultare queant: libenterque utuntur raris quibusdam et minus usitatis vocibus scripturae, quam ad suum sensum falso interpretari et pervertere possint, quo aliis simplicibus placeant, eosque in fallax quod ipsi sentiunt, ocium pelliciant pertrahantque.

Et revera sibiipsis intantum placent, ut se putent aliis omnibus esse sapientiores, acutiores, subtiliores, cum tamen sint mortalium omnium rudissimi atque stupidissimi. Quod enim Pagani et Iudaei atque improbi Christiani, docti pariter atque indocti, sola naturali ratione reperiunt et intelligunt, eo miseri isti neque volunt neque possunt pertingere. Signo crucis muniat se quidem unusquilibet adversus spiritus tartareos: sed a perverso hoc hominum genere perquam serio sibi caveat: eorumque tam verba quam actus inspiciat. Docere nanque volunt alios, sed ipsi a nemine doceri[7]: alios libenter repraehendunt, sed se neutiquam ferunt ab aliquo repraehendi. Alios premunt: ipsi se premi non patiuntur. Quicquid libet, effutire volunt, nec tamen quicquam sibi sustinent a quopiam contradici. Et cum propriae dediti sint voluntati, nec cuiquam se submittant et obtemperent, hoc ipsum tamen spiritalem arbitrantur esse libertatem. Colunt autem re ipsa et sectantur carnis libertatem: indulgent enim corpori quicquid ei libet: et tamen id naturae

---

7. *comendar, sem ser obedientes* (nl. 49) falta.

disso. Acham que já conseguiram ultrapassar tudo e afirmam que só os imperfeitos os necessitam.

Algumas dessas 41 pessoas são tão endurecidas e inveteradas nessa simplicidade, que ficam tão inativas e inatentas a todas as obras que Deus realizou e a todas as Sagradas Escrituras, como se nunca 42 tivesse sido escrita uma letra dessas. Porque lhes parece que já tinham encontrado e possuído tudo para que as Escrituras foram escritas, e isto é: o descanso cego da essência que 43 experimentam. Mas de fato, elas perderam Deus e todos os caminhos que conduzem até a Ele, porque elas não têm mais interioridade, ardor ou exercícios sagrados do que um animal 44 morto. Embora às vezes elas se aproximem do Sacramento e ocasionalmente citem algo das Sagradas Escrituras, para melhor simularem e se esconderem. Elas usam com prazer 45 alguns trechos das Sagradas Escrituras que tenham um sentido indefinido, que elas pervertem para os seus próprios fins, a fim de agradar homens simples e trazê-los ao mesmo vazio 46 falso que elas experimentam.

Vê, essas pessoas acham que elas são mais sábias e súteis do que todas as outras. Mas na verdade, são as mais grosseiras e 47 incultas que vivem hoje em dia. Porque, o que os pagãos, judeus e maus cristãos, tanto os eruditos como os ignorantes, acham e entendem por meio da razão natural, essas pessoas 48 miseráveis não querem, nem podem alcançar. Em frente do Diabo, podes até fazer o sinal da cruz, mas tem cuidado com essas pessoas perversas, as suas palavras e obras. Porque querem 49 ensinar, mas não serem ensinadas por ninguém; repreender, sem serem repreendidas; comandar, sem serem obedientes; dominar, sem serem dominadas; falar o que quiserem e nunca 50 serem contraditas. Seguem apenas a sua própria vontade e não se submetem a ninguém, e acham isso a liberdade espiritual. Praticam a liberdade da carne, porque dão ao corpo o 51 que quiser, e acham isso a nobreza da natureza. Elas se uniram num ócio cego e escuro da sua própria essên-

dignitatem et praestantiam credunt. In caeco quodam et obscuro propriae essentiae suae ocio sese unierunt, atque inibi se putant unum esse cum Deo, et hanc propriam suam credunt beatitudinem, atque in eam intro sese receperunt, propriaque cum voluntate et naturali propensione eam possident. Atque hac ex causa putant se esse supra legem, et praecepta Dei, et sanctae Ecclesiae. Nam supra essentiae suae quietem, quam possident, neque Deum neque diversitatem sentiunt, eo quod lux divina in eorum tenebris et caligine minime sese manifestarit: idque ea de causa, quod eam minime quaesierint, neque actuoso amore, neque supernaturali libertate. Quo fit, ut ex veritate cunctisque virtutibus exciderint, et in perversam quandam dissimilitudinem prolapsi sint. Supremam enim sanctitatem in eo constituunt, ut quis modis omnibus suae obsequatur naturae affectibus, nec ullum sibi frenum iniiciat, ut propenso spiritu in ocio possit intus degere, et ad quemlibet motum foras se recipere, et corporis explere appetitiones et voluptates, carnique satisfacere, quo sic celeriter ab ea absolvatur imagine, ac sine impedimento rursus in nudum spiritus sui ocium revertatur.

Qui nimirum tartarei fructus sunt, ex ipsorum perfidia et haeresi nascentes, quibus eadem ipsa haeresis in mortem usque sempiternam alitur et confovetur, Ubi enim tempus illud advenit, quo natura eorum acerbis cruciatibus et angoribus mortis obruitur ac praegravatur, tum intus formis pinguntur ac imaginibus, perturbanturque atque terrentur, amittuntque ociosam sui in quietem introversionem, adeoque desperatione absorbentur, ut nemo eos consolari possit: sicque ceu canes rabidi ex hac vita demigrant: ocio autem illorum ea quam speraverant, non redditur merces: et qui mala egerunt, atque in illis animam reddiderunt, ut nostra habet fides, eunt in ignem aeternum.

En mala simul cum bonis proposui, ut bona rectius possint intelligi, et mala devitari. Cavendum est autem atque fugiendum hoc, quod iam commemoravimus, hominum genus, haud secus quam hostes animae capitales, quantumvis etiam gestibus, verbis, habitu atque institutis quibusdam sancti videantur. Sunt enim nuncii diaboli, et omnium qui modo vivant perniciosissimi, praesertim simplicibus, indoctis bonac voluntatis hominibus. Sed his omissis, ad propositum revertar argumentum.

cia, e acham que elas estão unidas a Deus como um só, e ainda pensam que isso 52 representa a sua eterna beatitude. Nesse ócio, estão viradas para dentro e o possuem por sua própria vontade e inclinação natural. E por isso acham que estão acima da lei 53 e dos mandamentos de Deus e da Santa Igreja. Porque acima da quietude da sua essência que possuem, sentem nem Deus, nem alteridade. Nas suas trevas a luz divina nunca 54 entrou, porque nunca a buscaram, nem com amor ativo, nem com liberdade sobrenatural. Por esse motivo, estão decaídas da verdade e de todas as virtudes, em perversa dissemelhança. 55 Estabelecem a suprema verdade no fato de o homem seguir a sua natureza, de todos os modos, sem qualquer retenção, a fim de poder viver, com espírito inclinado, em ócio, e depois 56 voltar-se para fora, seguindo os desejos do corpo em qualquer movimento e satisfazendo a carne, de modo a ficarem imediatamente livres dessa imagem e voltarem outra vez, sem impedimento, 57 a esse ócio nu do seu espírito.

Vê bem, isso é um fruto infernal que nasce de uma descrença e a fomenta até a morte eterna. Quando chega aquele tempo em que a sua natureza 58 está agravada com amargos tormentos e angústia frente à morte, essas pessoas ficam perturbadas e transtornadas e interiormente angustiadas. Perdem a introversão na sua quietude 59 ociosa e caem no desespero, de maneira que ninguém mais consegue consolá-las, e morrem feitas cães raivosos. O seu ócio não lhes traz qualquer tipo de remuneração. Como a nossa fé 60 ensina: aqueles que fizeram obras más e morrem assim, pertencem ao fogo eterno.

Apresentei para ti o mal junto com o bem, a fim de que entendas direito e estejas alerta contra o mal. Tens 61 de evitar essas pessoas e fugir delas, como se fossem os inimigos mortais da tua alma, mesmo que pareçam santas em costumes, palavras, trajes ou rosto. Porque são os núncios 62 do diabo e os mais perniciosos que vivem hoje em dia entre os homens de boa vontade, simples e inexperientes. Vou deixar agora todas essas coisas e quero voltar ao meu argumento 63 proposto.

❡ *Ut homines sancti cum Deo sine medio uniti sint: et quid agere debeat, qui hanc triplicem cum Deo unionem in se experiri velit. Caput V.*

Iam ante in superioribus dixi, sanctos et bonos omnes cum Deo per medium unitos esse: videamus nunc, ut etiam cum Deo sine medio uniti sint. Quanquam pauci sunt in hoc mundo, qui habiles ac idonei satisque illuminati sint, id ut sentire possint ac intelligere.

Itaque qui tres has, de quibus modo agimus, uniones in se sentire ac experiri volet, is Deo totus omnino vivere debebit, ita ut gratiae ac instinctui divino cunctis in virtutibus atque omni interna exercitatione satisfaciat et obsequatur. Atque per amorem ut elevetur oportet ac moriatur in Deo sibiipsi et cunctis actionibus suis, ita ut cum omnibus viribus suis cedat, et veritatis incompraehensibilis, quae Deus est, patiatur transformationem. Oportet, inquam, ut vivendo egrediatur ad virtutes actitandas, et moriendo ingrediatur in Deum. In quibus duobus vita eius perfecta consistit: suntque in ipso simul coniuncta et adunata, quemadmodum materia et forma, corpus et anima. Et quia in his sese exercet, eam ob rem intellectu illustris et lucidus est, et affeccu vel experimento locuples ac abundans. Adiungit enim et applicat sese ad Deum erectis viribus, recta intentione, intimo cordis desiderio, insedata appetentia, et vivida sui spiritus ac naturae strenuitate. Dum vero hoc pacto sese gerit, et exercet in divinae praesentia majestatis, iam amor modis omnibus ipsius potens fit, ita ut quomodocunque eum moveat amor, semper ille in amore cunctisque virtutibus crescat et augmentetur.

❡ *Ut charitas istiusmodi homines moveat, et de caelica sanitate, ac languore tartareo. Caput VI.*

Charitas autem sive amor semper pro cuiuslibet utilitate ac habilitate et aptitudine movet. Motus autem utilissimus, quem istiusmodi homo sentire queat, et ad quem sentiendum habilis sit, caelica sanitas et languor Tartareus est: atque his duobus consimilibus, eo pertinen-

Tu te lembras do que eu disse antes, que todos os santos e os homens bons são unidos com Deus por meio de uma mediação. Agora quero explicar como todos eles também são unidos com Deus sem mediação. Há poucos neste mundo que são hábeis e iluminados suficientemente para poderem sentir e entender isso.

Por esse motivo, quem quer experienciar e sentir em si os três tipos de união, deve viver totalmente e integralmente para Deus, de tal maneira que satisfaça à graça e à noção de Deus e Lhe obedeça em todas as virtudes e em todos os exercícios interiores. O homem deve ser exaltado por meio do amor e morrer em Deus de si mesmo e de todos os seus trabalhos, a fim de submeter-se com todas as suas faculdades e aguentar a transformação que está efetuada pela verdade incompreensível que é Deus. Isso significa que, vivendo, ele deve sair para praticar as virtudes e, morrendo, entrar em Deus. Esses dois movimentos constituem a vida perfeita e são unidos nele, como a matéria é unida à forma e o corpo à alma. Porque praticando isso, ele tem um entendimento lúcido, rico e abundante em sentimento, sendo unido a Deus, com todas as suas faculdades orientadas para cima, com a intenção justa, com um desejo insaciado e com a paixão do seu espírito e da sua natureza. Visto que ele assim se tem e age na presença de Deus, o amor se apodera dele de muitas maneiras. De qualquer modo que o direcione o amor, ele vai sempre crescer em amor e virtudes. O impulso do amor é sempre orientado para o benefício de cada um segundo a sua capacidade.

Os impulsos mais benfazejos que essa pessoa pode sentir e de que ela é capaz são a saúde celestial, a dor do inferno e o responder a esses dois com obras adequadas. A saúde celestial a eleva acima de qualquer coisa, até uma capacidade livre para louvar e amar a Deus

tibus respondere actionibus. Caelica sanitas elevat eum supra omnia in liberam quandam Deum pro omni cordis et animae voto ac desiderio laudandi et amandi facultatem. Sequitur inde languor Tartareus, deiicitque eundem in quandam miseriam ac desolationem, et omnis gustus et consolationis quae unquam senserit, carentiam. Atque sub hac angustia et desolatione nonnunquam sanitas sese exhibet, spemque praebet, cui nemo possit diffidere: sed mox rursus in quandam labitur velut desperationem, quam consolari nemo queat.

Nimirum dum quis Deum cum larga, opulenta ac plena gratia in se sentit, eam ipse dico caelicam sanitatem. Tum enim eiuscemodi homo sapiens et intellectu luminosus ac perspicax est, caelestibus exuberat institutionibus, charitate fervidus ac pius est, gaudio abundat et ebrius est, sensu vel affectu fortis, fidens et alacer in omnibus, quae quidem Deo placere noverit: atque id genus aliis innumeris praeditus est bonis, quae nemo nisi expertus novit.

Atqui dum charitatis lanx deprimitur, et Deus cum omni sua gratia se occultat, dum rursum in desperationem quandam et languorem et obscuram angustiam ac desolationem recidit, perinde ac si nunquam sit sanitatem recuperaturus: neque tum aliter se sentit, quam miserum quendam peccatorem, qui de Deo parum aut nihil comperti habeat. Consolatio autem omnis, quam possint creaturae impendere, taedio est illi. A Deo vero nulla neque consolatione, neque gustu afficitur. Inter haec ratio illius intus ei loquitur, Ubi nunc est Deus tuus? ubi iam est quicquid unquam sensisti de Deo? Fiuntque tunc ei lachrymae suae panes die ac nocte, quemadmodum Propheta ait.

Sed ab hoc languore si debeat convalescere, adspiciat oportet et sentiat non se suum esse, sed Dei: atque eam ob rem voluntatem suam resignet in liberrimam voluntatem Dei, sinatque Deum agere cum suo id, quod ipsi visum erit in tempore et aeternitate. Hoc si absque cordis gravamine libero spiritu facere poterit, mox sanitati restituetur, ducetque caelum in infernum, et infernum in caelum. Utcunque enim amoris libra vel sursum vel deorsum feratur, ipse semper manet aequabilis. Quicquid enim amor sive dare, sive auferre velit, in eo pacem invenit quisquis seipsum abnegat, et Deum suum amore prosequitur. Qui enim

de todas as maneiras que seu coração e sua alma quiserem. Em seguida sucede o mal infernal que a coloca em miséria e tira dela todo o sabor que já tinha experienciado. Nessa miséria, de vez em quando aparece a saúde e traz uma esperança que ninguém consegue desanimar, e depois ela recai num desespero que ninguém consegue consolar.

Quando o homem sente Deus dentro de si mesmo, com riqueza e abundância de graça, isso é o que eu chamo de saúde celestial. Porque, nesse momento, o homem está sábio e com lucidez no seu entendimento, efluindo ricamente de ensino celestial, caloroso e generoso na caridade, cheio e embriagado de alegria e sentimento, forte, corajoso e destemido em todas as coisas que ele sabe que agradam a Deus, e coisas semelhantes sem número, que apenas podem saber aqueles que as experimentam.

Mas quando a balança do amor desce e Deus, com todas as Suas graças, se esconde, então o homem recai em desolação, aflição e miséria escura, como se nunca mais se pudesse recuperar. Nesse momento, se sente como um pobre pecador, que sabe nada ou pouca coisa sobre Deus. Toda a consolação que as criaturas lhe poderiam dar só significa sofrimento. De Deus não chega até ele nem sabor, nem consolação, e a razão dentro dele lhe diz: "Onde está teu Deus? [Sl 42(41),4]. Para onde escorreu tudo o que experimentaste de Deus?" Então, suas lágrimas são sua comida de dia e de noite, como diz o profeta [Sl 42(41),4].

Para que o homem fique sarado desse mal é preciso que considere e sinta que ele não pertence a si mesmo, mas a Deus. Por esse motivo, é necessário que renuncie à sua própria vontade na livre vontade de Deus e que deixe Deus atuar com Sua vontade, no tempo e na eternidade. Se ele for capaz de fazer isso sem opressão do coração, imediatamente ele sara, e leva o céu para o inferno e o inferno para o céu. Por mais que a balança do amor desça ou suba, ele está sempre em equilíbrio, contínuo e constante. Porque, aquele que renuncia a si mesmo e ama a Deus encontrará a paz no que o amor quiser dar

in perpessione vel afflictione patiens est et minime calcitrat, eius spiritus liber et immotus manet, aptusque est et habilis, qui magis immediatam cum Deo sentiat unionem. Enimvero unionem illam, quae per medium fit, in virtutum opulentia et affluentia possidet. Cum igitur plane concors et unius sit cum Deo voluntatis, Deum cum omnis gratiae eius plenitudine tanquam vitalem totius essentiae suae et omnium actionum suarum sanitatem intra se sentit.

¶ Cur boni omnes haec intra se non sentiant. Caput VII.

Sed quaerat forsan aliquis, quid causae sit, cur boni omnes huc minime pertingant, ut idem et ipsi sentiant. Cuius ista est ratio, quod divino instinctui sive motioni cum sui abnegatione non respondeant. Atque eam ob rem vivida cum strenuitate in Dei praesentia non assistunt, nec ita ut deberent, soliciti sunt intus observare seipsos. Quo fit, ut semper magis externi ac multiplices, quam interni et simplices maneant: actusque suos et opera potius ex bona quadam consuetudine, quam interno affectu efficiant, plurisque faciant singularia et privata quaedam instituta sive modos, et magnitudinem ac multiplicitatem bonarum actionum, quam puram intentionem et amorem ferventem erga Deum. Atque hac ex causa externi et corde multiplices manent, nec ut Deus intra ipsos cum gratiae suae plenitudine vivat, experiuntur.

¶ Ut homo internus cum Deo sine medio unum sit, manifestior explicatio. Caput VIII.

Ut autem homo internus, qui in omni languore sanitate perfruitur, cum Deo sine medio unum se sentire debeat, iam age explicemus. Itaque ubi talis quispiam vividus homo totum sese cum universis viribus suis sursum erigit, et ad Deum vitali et actuali cum amore adiungit et accommodat, sentit nimirum amorem suum in suo fundo, ubi incipit ac desinit, fruitivum et fundi expertem esse. Quod si tum actuoso cum

ou tomar. Quem viveu em sofrimento sem rancor, o espírito dele fica livre e tranquilo, capaz de sentir a união sem 85 mediação com Deus. Porque a união com mediação, ele já a adquiriu com a riqueza das suas virtudes. Por essa razão, sendo um só pensamento e uma só vontade com Deus, ele sente 86 Deus em si com a plenitude de Suas graças, como uma saúde vigorosa da sua essência e de todas as suas obras.

Mas podes perguntar por qual motivo não todos os homens de boa vontade 87 chegam a sentir isso. Presta atenção, pois vou te explicar o porquê e o para quê: eles não correspondem ao impulso divino com abnegação de si mesmos, e por esse motivo não estão 88 na presença de Deus com um zelo vivo. Eles não são cuidadosos na observação de si mesmos e, por isso, ficam mais para fora e múltiplos do que para dentro e simples, e praticam 89 as suas obras bem mais pelos bons costumes do que por experiência interior. Eles prestam mais atenção às excentricidades, à grandeza e ao múltiplo das boas obras, em vez da intenção 90 e do amor por Deus. Por esse motivo, ficam orientados para fora e múltiplos no coração, e não têm noção como Deus vive dentro deles com a plenitude da Sua graça. Vou explicar 91 agora como o homem interior, no meio de todos os males, experimenta saúde e se sente um com Deus, sem mediação.

Se alguém viver nesta maneira com a integridade de si mesmo e todos 92 os seus poderes, e se voltar para Deus com um amor vivo e ativo, então sente que a profundidade do seu amor, lá onde começa e termina, é fruitiva e sem fundo. Se ele quiser penetrar 93 nesse amor fruitivo com

amore suo ulterius in amorem fruitivum niti ac penetrare velit, ibi iam cedant necesse est omnes animae eius vires, ferantque et patiantur penetrantem veritatem ac bonitatem illam, quae Deus ipse est. Ut enim aërem solis splendor et calor penetrat, utque ferrum ignis, ita ut ignis actiones efficiat[8]. Ardet enim et lucet instar ignis: quod similiter de aere illustrato accipiendum est, qui si ratione praeditus foret, diceret profecto: Equidem totum mundum illustro et calefacio, cum tamen unicuique sua maneat natura vel substantia. Non enim ignis transit in ferrum, nec ferrum efficitur ignis, sed horum unio medium non habet. Siquidem ferrum est intra ignem, et ignis intra ferrum: atque itidem aer est in solis lumine, et lux Solaris in aere. Eadem videlicet ratione Deus semper in animae essentia inest: cumque vires supremae actuoso cum amore intro se recipiunt, Deo sine medio coniunguntur in simplici quadam omnis veritatis notione, et essentiali omnis boni gustu ac experimento. Atque haec simplex notio et experimentum Dei in essentiali possidetur amore: per actuosum autem amorem colitur, exercitatur atque conservatur. Itaque viribus quidem accidens est per morientem in amorem introversionem: sed essentiae substantiale est semperque intus in ea permanens. Quapropter si amorem per amorem reperire velimus, semper ut intro nos recipiamus ac renovemus in amore oportet. Quod quidem sanctus Ioannes illis nos docet verbis, quibus ait: Qui manet in charitate, in Deo manet, et Deus in eo.

Quanvis autem unio haec inter Deum et amantem spiritum sine medio sit, ingens tamen inter eos discrimen est. Creatura enim non potest Deus effici, nec Deus creatura, uti paulo ante diximus de ferro et aere. Quod si res materiales, quas Deus condidit, usque adeo sine medio coniungi possunt, quidni multo melius ipse se dilectis suis, dum velit, possit coniungere ac unire, quando ipsi eius freti gratia, eo se praeparant et accommodant? Quamobrem inter internum ac Deo devotum hominem quem Deus virtutibus ornarit, et supra virtutes in contemplativam sustulerit vitam, atque inter Deum nullum in suprema eius introversione medium est, nisi ratio illuminata et actuosus amor illius:

---

8. *com o fogo* (nl. 94) falta.

seu amor ativo, todos os poderes da sua alma devem sofrer e enfrentar a verdade penetrante e a bondade que é Deus mesmo. Da[1] mesma maneira acontece 94 que o ar está penetrado pela luz e pelo calor do sol e o ferro está penetrado pelo fogo, de modo a fazer-se o trabalho do fogo com o fogo — porque queima e dá luz igual ao fogo. Eu falo a 95 mesma coisa sobre o ar. Se o ar pudesse refletir, ele diria: "Dou luz e calor para o mundo inteiro". Não obstante, cada um conserva sua própria natureza, porque o fogo não se torna ferro, nem o 96 ferro, fogo. Porém, a união é sem mediação, porque o ferro fica dentro do fogo e o fogo dentro do ferro. Da mesma maneira que o ar fica na luz do sol e o sol no ar, Deus sempre fica 97 na essência da alma. Assim, quando as faculdades superiores se voltam para dentro com amor ativo, elas estão unidas sem mediação, num conhecimento de toda a verdade, e numa 98 experiência essencial e num saborear de todo o bem. Esse conhecimento e essa experiência simples de Deus são possuídos com amor essencial e praticados e mantidos pelo amor ativo. 99 Por essa razão, no que diz respeito às faculdades, mediante o recolhimento interior que morre no amor, esse conhecimento e essa experiência são acidentais. Mas eles são essenciais 100 no que diz respeito à essência e ficam sempre dentro dela. Por esse motivo, devemos voltar para dentro e nos renovar no amor, caso queiramos experienciar amor com amor. São João 101 nos ensina assim, dizendo: "Quem permanece no amor permanece em Deus, e Deus permanece nele". [1Jo 4,16]

Mesmo essa união entre o espírito amante e Deus sendo 102 sem mediação, permanece uma distinção enorme, porque a criatura não se torna Deus, nem Deus se torna criatura, como já expliquei com respeito ao ferro e ao ar. Se as coisas 103 materiais, criadas por Deus, podem unir-se sem mediação, então, quão melhor Ele pode unir Seus amados consigo quando Ele quiser, caso se organizem e se preparem para isso 104 mediante Sua graça.

Por isso, o homem interior, que Deus embelezou com virtudes e elevou acima de si mesmo numa vida contemplativa, tem, no seu recolhimento interior 105 supremo, nenhuma outra mediação entre si mesmo e

---

1. *Da mesma maneira* até *na essência da alma* (nl. 97): veja Bernardo de Claraval, *De diligendo Deo*, X, par. 28, Sancti Bernardi Opera, v. III, p. 143, lin. 17-22.

quibus duobus cohaeret Deo, quod est, ut Divus Bernardus ait, unum effici cum Deo. Porro supra rationem et amorem actuosum in nudam quandam visionem, et sine actione in essentialem amorem elevatus est: atque inibi unus spiritus et unus cum Deo amor est, sicut supra diximus. Atque in hoc essentiali amore, per eam, quam cum Deo habet unionem essentialem, infinite suum excedit intellectum. Et haec communis est hominum contemplativorum vita. In hac autem sui elevatione aptus et habilis est, qui sub una visione, modo Deus id ei demonstrare velit, creaturas omnes in caelo et in terra, vitamque et praemia earum discriminatim possit perspicere. Sed ipsius Dei infinitati interminabili cedere, eamque essentialiter et infinite subsequi compellitur: quippe quam creatura nulla neque compraehendere, neque assequi potest, immo ne ipsa quidem anima Domini Iesu, quae tamen supra creaturas omnes Deo excellentissime unita est.

¶ *De quibusdam divinae gratiae effectionibus. Caput IX.*

Caeterum aeterna haec charitas in spiritu, ei sine medio unito et vivens, lumen et gratiam suam in cunctas animae vires diffundit, quae est causa virtutum omnium. Gratia enim Dei supremas contingit et movet vires, atque inde charitas, veritatis cognitio, omnis iustitiae amor, consiliorum Dei cultus et exercitado discreta, libertas imaginum expers, cuncta sine labore superare et vincere, et per amorem in unitatem spiritu deficere ac excedere oritur. In qua exercitatione quandiu quis perseverat, aptus et habilis est tum ad contemplandum, tum ad sentiendum unionem sine medio cum Deo. Idemque Dei intra se sentit contactum, qui quaedam est divinae gratiae et omnium virtutum eius renovatio. Sciendum est enim, Dei gratiam in inferiores usque dimanare vires, corque hominis contingere: unde tum cordialis amor et sensibilis, appetentia vel desiderium erga Deum proficiscitur: atque hic

Deus senão a sua razão iluminada e o seu amor ativo. Mediante esses dois, ele adere a Deus, e isso representa o assim chamado 106 "tornar-se um só com Deus" de São Bernardo [de Claraval][2]. Além da razão e do amor ativo, porém, ele está elevado numa visão nua e ociosa no amor essencial. Aí ele é um 107 espírito e um amor com Deus [veja 1Cor 6,17], como eu já expliquei acima. Nesse amor essencial, está elevado infinitamente além do seu entendimento, graças à sua unidade que possui 108 essencialmente, e isso é a vida comum de um contemplativo. Nessa elevação, se Deus quiser lhe mostrar isto numa visão, o homem é capaz de conhecer todas as criaturas no céu e na 109 terra, com suas vidas e recompensas diversas. Mas ele deve ceder à infinidade de Deus e segui-la essencial e infinitamente. Porque nenhuma criatura poderia 110 compreendê-la ou atingi-la, e nem o pode a alma de nosso Senhor Jesus Cristo, embora tendo recebido a união mais alta possível, acima de todas as criaturas.

Vê como esse amor eterno, 111 que vive no espírito e com o qual é unido sem mediação, dá sua luz e sua graça em todas as faculdades da alma, e isso é a fonte das virtudes. Porque a graça de Deus toca as 112 faculdades superiores, e daí brotam a caridade e o conhecimento da verdade, o amor por toda a justiça, a prática dos conselhos de Deus com discernimento, a liberdade livre de 113 imagens, a superarão de todas as coisas sem esforço, e, por meio do amor, o espirar o seu espírito na unidade. Enquanto o homem fica nesse exercício, ele é capaz de contemplar 114 e sentir a unidade sem mediação. Ele sente o tocar de Deus dentro de si mesmo, que é uma renovação da Sua graça e das virtudes dele. Porque deves saber que a graça de Deus flui 115 para as faculdades menores e nelas penetra e toca o coração do homem, e daí vêm um amor profundo e um desejo sensível por Deus. Amor e desejo

---

2. Veja Bernardo de Claraval, *Sermones super Cantico Canticorum*, 71, cap. II, 6, Sancti Bernardi Opera, v. II, p. 217, lin. 28 — p. 218, lin. 15; cap. IV, 9-10; p. 220, lin. 29 — p. 221, lin. 18.

amor et appetentia cor, sensus, carnem, sanguinem, totamque naturam corpoream penetrant, et in membris hominis pressuram quandam et impatientiam excitant, ita ut saepius qua se ratione debeat gerere, ignoret: Haud aliter enim affectus est, atque ebrius quispiam[9], raros quosdam et miros prae se ferendo gestus, quos quidem corde molles non facile norunt comprimere: ut est, verbi gratia, quod saepius caput apertis oculis levant in caelum prae impatienti desiderio: modo gaudent, modo plorant, nunc cantant, nunc clamant, quandoque bene quandoque male habent[10], et saepius se moventes saltant, quandoque currunt, complodunt manus, genu flectunt, sese inclinant, atque id genus multimodos exhibent gestus. Et quamdiu in his quispiam perseverat, corde patulo sursum erectus ad divitias Dei, in ipsius spiritu viventis, novum Dei contactum novamque amoris sentit impatientiam: sicque haec omnia iam dieta renovantur.

Itaque per hoc sentira corporeum quandoque in spiritale quoddam ac rationale sentire penetrare ac transire, et per hoc sentire spiritale in quoddam sentire divinum, quod est supra rationem pertingere: atque per istud ipsum sentire divinum, seipsum in immobile ac beatum sentire demergere debet.

Quod quidem sentire immobile, nostra est superessentialis beatitudo, quae est Dei atque omnium charorum eius fruitio: et ipsa caliginosum illud semperque ociosum silentium est: et Deo quidem essentialis, creaturis autem omnibus superessentialis est. De ipsa accipiendum est, cedere personas divinas et in essentialem immergi ac absorberi charitatem, id est, essentialem[11] unitatem: et nihilo minus secundum personales proprietates semper in trinitatis actionibus perstare.

---

9. *os dois acontecem juntos* (nl. 118-119) falta.
10. *não dono de si* (nl. 117) falta.
11. *essentialem* em vez de *espiritual* (nl. 121).

penetram no coração e nos 116 sentidos, na carne e no sangue, e em toda a natureza corpórea, e produzem [no homem] uma pressão e impaciência, de modo que muitas vezes ele não sabe como comportar-se. Ele se 117 sente como embriagado, não dono de si. De lá vem muito comportamento excêntrico, que essas pessoas sensíveis não sabem controlar, ou seja, elas às vezes dirigem as suas cabeças ao 118 céu com os olhos arregalados, por causa de um desejo inquieto: ora alegria, ora chorar, ora cantar, ora gritar, ora tudo vai bem, ora tudo dá errado, e muitas vezes os dois 119 acontecem juntos; elas pulam, correm, batem palmas, ajoelham, inclinam, e muitas agitações semelhantes. Enquanto o homem fica nesse estado e com o coração aberto, e está orientado 120 para a abundância de Deus que vive no seu espírito, ele sente um novo tocar de Deus e um novo desassossego de amor. Dessa maneira, todas as coisas são renovadas.

Por esse 121 motivo, é preciso que o homem por meio desse sentir corpóreo atinja um sentir espiritual, que é racional; e por meio desse sentir espiritual atinja um sentido divino, que é acima da 122 razão, e por meio desse sentir divino descenda de si mesmo até atingir um sentir imóvel e bem-aventurado.

Esse sentir é nossa bem-aventurança supraessencial, 123 que é uma fruição de Deus e de todos os Seus amados. Essa bem-aventurança é o silêncio escuro, que está sempre inativo. É essencial para Deus e supraessencial para todas as 124 criaturas. É preciso saber que, aí, as pessoas cedem perante o amor essencial e demoram nele, ou seja, na unidade fruitiva. Não obstante, subsistem sempre com suas propriedades pessoais 125 na atividade da Trindade. Assim podes com-

¶ De complacentia divinarum personarum: itemque de complacentia mutua inter Deum et homines bonos. Caput X.

Unde animadverti licet, divinam naturam secundum personas quidem perpetuo agere: secundum essentiae autem suae simplicitatem, perenniter ociosam ac modi expertem permanere. Atque eamobrem quoscumque Deus elegit et sempiterno personali amore complexus est, eos omnes essentiali amore in unitate essentialiter ac fruitive possidet. Divinae nanque personae quadam mutua complacentia[12] et infinito ac essentiali amore[13] in unitate sese invicem complectuntur, idque in vitali sacrosanctae Trinitatis vita perpetim renovatur[14]: quippe ubi semper nova generatio, nova cognitio, nova complacentia, nova spiratio est in novo quodam complexu et novo aeternae charitatis profluvio.

Et in hac complacentia electi omnes tum angeli, tum homines, a primo ad extremum usque circumplectuntur: atque ex eadem complacentia caelum, terra, essentia, vita, actio, et conservatio creaturarum omnium dependet. Qui autem sese a Deo ad vitia avertunt, id utique ex suapte caeca quadam malitia faciunt. Ex Dei vero complacentia gratia et gloria et dona omnia in caelo et in terra, et speciatim in singulos quosque pro cuiusque necessitate et capacitate promanant. Etenim divina gratia cunctis parata est, et uniuscuiuslibet peccatoris conversionem expectat. Et cum peccator quilibet divina motus et tactus gratia, suiipsius misertus Deum fideliter implorar, nunquam non gratiam et veniam obtinere potest: et quisquis per Dei gratiam amorosa cum complacentia in aeternam Dei complacentiam reflectitur, is ab aeterna[15] illa, quae Deus ipse est, charitate suscipitur ac circumplectitur, semperque in amore et virtutibus renovatur. Inter eam enim complacentiam, qua nos placemus Deo, et eam, qua nobis placet Deus, charitas et vita aeterna colitur et exercetur. Deus autem nos ab omni aeternitate in sua

---

12. *quadam mutua complacentia* em vez de *numa complacência eterna* (nl. 127).
13. *infinito ac essentiali amore* em vez de *com um amor infinito e ativo em unidade* (nl. 127).
14. *renovatur* em vez de *Essa atividade renova* (nl. 127).
15. *aeterna* em vez de *insondável* (nl. 133).

preender que a Natureza divina é sempre ativa, eternamente, de acordo com o modo das Pessoas, e eternamente inativo e sem modo, de 126 acordo com a simplicidade da Sua essência. Por esse motivo, tudo o que Deus escolheu e aderiu com um amor eterno e pessoal, Ele o possui essencialmente, prazerosamente em 127 unidade, com um amor essencial. Porque as Pessoas divinas se abraçam numa complacência eterna, com um amor infinito e ativo em unidade. Essa atividade renova sempre a 128 vida viva da Trindade. Aí existe continuamente um novo dar à luz, em novo conhecimento, uma nova complacência e um novo espirar, num novo abraço, com uma nova torrente de amor 129 eterno.

Todos os eleitos, anjos e homens, do último para o primeiro, são abraçados nessa complacência. Nessa complacência são pendurados o céu e a terra, a essência, vida, atividade 130 e preservação de todas as criaturas, excluída a aversão de Deus nos pecados causada pela maldade cega da própria criatura. Dessa complacência de Deus eflui a graça e a glória, e todos 131 os presentes no céu e na terra e em cada indivíduo, de acordo com a sua necessidade e receptividade. Porque a graça de Deus está preparada para cada um e aguarda a volta de cada 132 pecador. Quando [o pecador], por meio do tocar da graça, quer bem ter piedade de si mesmo e invocar Deus com fidelidade, ele sempre encontrará graça. Do mesmo modo, 133 qualquer um que, por meio da graça com complacência, é trazido de volta para a complacência eterna de Deus, vai ser aderido e abraçado no amor insondável que é Deus 134 mesmo, e se renova permanentemente em amor e virtudes. Porque quando agradamos a Deus, e Deus a nós, então o amor se torna realidade e a vida eterna igualmente. Deus, porém, nos há 135 amado eternamente e apre-

complacentia dilexit et coluit. Quod quidem merito nos attendere deberemus, atque ex eius consideratione nostra charitas et complacentia renovaretur. Enimvero per personarum in divinitate relationem, nova inibi semper complacentia est cum novo amoris profluvio, ac novus in unitate complexus: idque sine tempore, id est, sine ante vel post, in quodam Nunc sempiterno. In isto nanque in unitate complexu cuncta perfecta sunt, et in charitatis effluxu cuncta efficiuntur: atque in vitali foecundaque natura cuncta possunt fieri, utpote in qua Pater in Filio, et Filius in Patre, et in utroque Spiritus sanctus est. Est nanque vivida foecundaque unitas, quae omnis vitae et omnium quae fiunt, fons et origo est. Atque eam ob rem sunt inibi creaturae omnes absque seipsis tanquam in sempiterna causa sua, una essentia unaque vita cum Deo. In personarum autem distincta emanatione, Filius ex Patre, et Spiritus sanctus ex Patre simul et Filio est: ibique Deus fecit creaturas omnes et in propria quanque ordinavit essentia per gratiam suam. Hominem vero, quantum quidem in ipso est, sua morte reformavit ac recreavit, omnesque electos suos charitate et virtutibus ornavit et in ipsorum una secum principium reflexit. Ibi Pater cum Filio, et cum eis electi omnes circumplectuntur vinculo charitatis, in divina[16] unitate: quae quidem secundum personarum emanationem foecunda est, in earum autem reflexione sempiternus ac insolubilis est nexus amoris.

Quo quicunque se noverunt devinctos, ii aeterno beati manebunt, suntque virtutibus locupletes, contemplatione lucidi, et in fruitiva quiete simplices. In ipsorum nanque introversione Dei sese manifestat charitas cum bonis omnibus profluens, trahensque introrsus in unitatem, et superessentialis ac modinescia in perenni quiete. Atque hac ex causa Deo et per medium, et sine medio, atque etiam sine differentia sunt uniti.

---

16. *divina* em vez de *do Espírito Santo* (nl. 141).

ciado na Sua complacência, e é preciso que consideremos isso de modo justo, para que o nosso amor e a nossa complacência sejam renovados. Porque, por 136 meio das relações entre as Pessoas da Divindade, há sempre uma complacência nova, numa efluência do amor, num novo abraçar na união. E isso acontece fora do tempo, sem 137 antes nem depois, num eterno agora, porque nesse abraço da união toda coisa se encerra. No efluir do amor, todas as coisas se completam. Na natureza viva e fecunda, qualquer coisa tem 138 potencial para ocorrer, porque na natureza viva e fecunda o Filho está no Pai e o Pai no Filho, e o Espírito Santo em Ambos. É uma união viva e fecunda, que é a fonte e o começo e a gênese de toda vida. Por esse motivo, todas as criaturas estão lá sem si mesmas, como na 139 sua causa eterna, numa essência e vida com Deus. Mas no espalhar-se das Pessoas na distinção, o Filho jorra do Pai, e o Espírito Santo de Ambos. Ele refez o homem por meio da 140 sua graça e morte, na medida em que isso depende d'Ele. Ele adornou os Seus com amor e virtudes e trouxe-os de volta até a sua origem. Aí, o Pai com o Filho e todos os amados 141 estão aderidos e abraçados no vínculo do amor, ou seja, na unidade do Espírito Santo. É a mesma união que é fecunda no que diz respeito ao espalhar-se e no retornar, um vínculo 142 eterno de amor que nunca pode ser desvinculado.

Todos os que se sabem ligados nesse vínculo, ficarão bem-aventurados em eternidade. São todos ricos em virtudes, iluminados na 143 contemplação e simples enquanto descansam fruitivos. Porque no voltar deles para dentro, o amor de Deus se revela como efluindo com todo o bem e trazendo tudo para 144 dentro na unidade, e como supraessencial e sem modo, num descanso eterno. E por isso, eles estão unidos a Deus com mediação, sem mediação e também sem diferença.

¶ Quibus modis homines perfecti in sua contemplatione charitatem Dei sibi propositam habeant, utque rapiantur in Deum. Caput XI.

Et ipsam quidem Dei charitatem amantes homines in suo intuitu sive contemplatione sibi propositam habent, ceu bonum commune in caelum terramque promanans: et sacrosanctam Trinitatem plena cum gratia ad ipsos et in ipsos se inclinare sentiunt: atque ita fit, ut cunctis virtutibus, sanctis exercitiis, et bonis actionibus foris et intus ornati sint. Et hoc pacto cum Deo uniti sunt per medium divinae gratiae, et sanctam vitam suam. Et quia Deo sese in agendo, omittendo, patiendo dediderunt, idcirco perpetua quadam pace, et interno gaudio, consolatione et gustu perfruuntur, quae quidem mundus percipere non potest, sed nec ulla ficta creatura, nec quisquam ex his qui sese magis quam Dei spectant et quaerunt honorem.

Secundo iidem ipsi interni illustrati homines in suo intuitu, id est, dum introspiciunt vel contemplantur, quandocunque volunt, Dei charitatem velut intro trahentem vel ad unitatem invitantem, sibi propositam habent. Cernunt enim et sentiunt, Patrem et Filium per Spiritum sanctum sese et electos omnes circumplecti, et sempiterno cum amore in naturae suae reflecti unitatem. Atque haec unitas semper introrsus trahit et invitat, quicquid ex ipsa sive naturaliter sive ex gratia natum est. Quam ob rem istiusmodi homines illustrati libero animo, supra rationem in nudam quandam sunt elevati visionem: ubi perpetua vivit unitatis Dei ad seipsam invitatio: et nudo ac imaginibus vacuo intellectu actiones omnes, cuncta exercitia et res omnes in supremum usque spiritus sui penetrant: et hic nudus eorum intellectus aeterna perfunditur ac penetratur claritudine, quemadmodum aerem solis splendor penetrat: nuda autem et elevara voluntas infinito penetratur et transformatur amore, sicut ignis ferrum totum penetrat: ac nuda denique et erecta mens, infinita ac omnium imaginum prorsus experte divinitate se circumplexam, fixam ac firmatam sentit. Atque hunc in modum creata imago supra rationem aeternae suae imagini vel exemplari, quod essentiae et vitae ipsius origo est, tripliciter coniuncta et unita est. Et haec origo in simplici contemplatione in quadam imaginem nescia nu-

145 Eles têm o amor de Deus diante dos olhos nas suas visões interiores, como um bem comum que eflui no céu e na terra, e sentem a 146 Santa Trindade inclinada até eles e dentro deles com a plenitude da graça, e por esse motivo estão adornados com todas as virtudes, com exercícios 147 sagrados e boas obras, de fora e de dentro. Dessa maneira, eles estão unidos com Deus por meio da mediação da graça divina e da sua vida sagrada. Porque eles se deram a Deus — 148 seja em ação, abstinência ou penitência —, eles sempre têm paz e alegria interna, conforto e sabor, que nem o mundo, nem alguma criatura fingida pode receber, nem uma pessoa que tem em 149 vista mais a si mesma do que a honra de Deus.

Em segundo lugar, essas pessoas interiores e iluminadas, quando quiserem, têm diante dos olhos, nas suas visões 150 interiores, o amor de Deus, trazendo e invitando para dentro da unidade. Porque veem e sentem que o Pai e o Filho, por meio do Espírito Santo, as abraçaram, junto com todos os prediletos 151 e com os que estão trazidos de volta na unidade da Natureza d'Eles, com um amor eterno. Essa unidade sempre traz e convida para dentro tudo o que nasceu dela, por natureza ou por 152 graça. Por isso, esses homens iluminados estão elevados acima da razão, com uma mente livre, até uma visão nua, isenta de imagens. Aí, vive a invitação eterna pela unidade de 153 Deus e, com um entendimento nu e sem imagens, eles vão além de todas as obras e práticas, até o ápice do seu espírito. Aí, o entendimento nu é penetrado pela claridade eterna, 154 semelhante ao ar penetrado pela luz do sol. A vontade vazia e elevada é transformada e penetrada pelo amor insondável, assim como o ferro penetrado pelo fogo. E o entendimento 155 nu e elevado encontra a si mesmo preso e imóvel, numa ausência insondável de imagens. Desta maneira, a imagem criada é unida, acima da razão, em três maneiras, à sua imagem 156 eterna, que é a fonte do seu ser e da sua vida. Essa fonte é conservada e possuída essencialmente na unida-

ditate vel ocio cum Deo[17] essentialiter et unice servatur ac possidetur. Ita ergo supra rationem tripliciter in unitatem, et simpliciter vel unice in trinitatem, homines istiusmodi rapiuntur vel elevantur.

Nec tamen creatura unquam fit Deus: quandoquidem unio haec per gratiam fit et reciprocum seu reflexum in Deum amorem. Unde etiam creatura in interno suo intuitu inter Deum et sese quandam sentit discretionem ac diversitatem. Et licet unio haec sit absque medio, at tamen multimodae effectiones et opera Dei, quae is in caelis ac terra perficit, eiuscemodi spiritum latent. Nam tametsi Deus ira ut est perspicua cum discretione, in animae sese praebet essentia, ubi animae vires supra rationem in quandam rediguntur simplicitatem, Deique transformationem simpliciter patiuntur, ubi plena sunt et abundant omnia: Spiritus enim tanquam unam cum Deo veritatem, unam opulentiam, et unam se sentit unitatem: at tamen essentialis quaedam inibi est in anteriora propensio, et ipsa est essentialis inter essentiam Dei et animae essentiam distinctio: qua quidem nulla potest sublimior sentiri ac percipi.

¶ *De unitate ea quae est sine differentia. Caput XII.*

Tertio iam sequitur ea quae est sine differentia, unitas. Dei nanque charitas non solum adspicitur ut cum bonis omnibus promanans, vel in unitatem introrsus attrahens, sed etiam ut supra omne discrimen in essentiali fruitione secundum nudam divinitatis essentiam existens. Itaque homines illustrari in seipsis essentialem quandam supra rationem et sine ratione invenere contemplationem intentam, et fruitivam quandam inclinationem, modos omnes omnemque essentiam penetrantem, et sese in modinesciam interminatae beatitudinis abyssum immergentem, ubi divinarum Trinitas personarum naturam suam in essentiali possidet unitate.

Ubi nimirum beatitudo usque adeo simplex et modi expers est, ut in ea essentialis intenta contemplatio, inclinatio, et creaturarum distinctio amittatur sive occumbat. Cunctae enim essentiae[18] elevatae per

---

17. *cum Deo* adicionado.
18. *essentiae* em vez de *espíritos* (nl. 166).

de, numa contemplação simples, no vazio sem imagens. Desta maneira, é-se 157 elevado acima da razão, triplo na unidade e um na Trindade.

Todavia, a criatura não se torna Deus, porque a unidade se realiza por meio da graça e do amor devolvido para Deus. Por 158 essa razão, a criatura, na sua visão para o interior, sente distinção e alteridade entre ela e Deus. Embora a união seja sem mediação, porém, as inúmeras obras que Deus faz no 159 céu e na terra são ocultas ao seu espírito. Porque, não obstante Deus se entregue como Ele é e com uma clara distinção, Ele se entrega à essência da alma, onde as faculdades dela são 160 unidas acima da razão e sofrem a transformação divina na simplicidade. Ai, tudo é cheio e transbordante, porque o espírito se sente como uma verdade e uma riqueza e uma união 161 com Deus. Mas existe ainda uma inclinação para frente, e isso representa uma distinção essencial entre a essência da alma e a essência de Deus. E isso é a distinção mais alta que pode 162 ser sentida.

Em seguida, segue a união sem diferença, porque o amor de Deus não pode ser considerado somente como um amor efluindo com todos os bens e atraindo 163 para dentro na união, mas também, acima de toda distinção, num prazer essencial, está de acordo com a mera essência nua da Divindade. Por esse motivo, todos os homens 164 iluminados encontrarão dentro de si mesmos um olhar essencial para dentro, acima da razão e sem razão, e uma inclinação fruitiva, superando todo modo e essência, afundando-se 165 num abismo de bem-aventurança insondável, onde a Trindade das Pessoas possui Sua natureza na unidade essencial.

Olha, aí a bem-aventurança é sem algum modo e tão simples, 166 que nela se dissolvem todo olhar essencial, toda inclinação e distinção de criaturas. Porque todos os espíritos elevados desse jeito se dissolvem

fruitionem colliquescunt, et velut exinaniuntur in divinae essentiae essentiam, quae est essentiarum omnium superessentialis essentia: atque inibi excidunt sibiipsis in quandam sui amissionem et nesciendam omni fundo carentem: Ibi claritas omnis reflectitur in caliginem, ubi tres personae divinae essentiali cedunt unitati, et sine discretione, essentiali perfruuntur beatitudine.

Quae quidem beatitudo soli Deo essentialis est, sed cunctis creatis spiritibus superessentialis. Non enim potest ulla creata essentia cum divina essentia prorsus unum esse, et in seipsa redigi in nihilum. Ita enim creatura fieret Deus, quod est impossibile. Divinae nanque essentiae nec accedere quicquam nec decedere potest, et neque maior, neque minor potest effici. Et nihilo secius cuncti amantes spiritus una cum Deo fruitio atque una beatitudo sunt etiam sine differentia. Enimvero beata illa essentia, quae Dei et electorum omnium fruitio est, tam simplex est, ut inibi nec Pater, nec Filius, nec spiritus sanctus sit secundum personalem distinctionem, nec ulla creatura, sed omnes illustrati spiritus seipsos ibidem in modinesciam excessere fruitionem, quae quaedam redundantia est supra omnem illam, quam ulla unquam creatura vel acceperit, vel possit accipere, plenitudinem. Ibi nanque cuncti elevati spiritus in sua superessentiali essentia una cum Deo fruitio, et una beatitudo sine differentia sunt: atque usque adeo beatitudo haec simplex illic est, ut nulla unquam in eam possit distinctio vel discretio pertingere.

Hoc videlicet dominus Iesus petiit, quum oraret caelestem Patrem suum, ut omnes amici eius consummarentur in unum, sicut ipse cum Patre unum est in fruitione per Spiritum sanctum, ut etiam ipse in nobis, et nos in ipso et in caelesti Patre eius in fruitione per Spiritum sanctum unum efficiamur. Quae quidem mihi omnium, quas Christus unquam nostrae salutis causa fecerit, precationum multo amantissima esse videtur.

e são aniquilados, em virtude 167 da fruição na essência de Deus, que é a supraessência de todas as essências. Aí, eles caem de si mesmos, e ficam perdidos num não-saber insondável. Aí, toda clareza vira escuridão, 168 nesse lugar onde as três Pessoas cedem à união essencial e sem distinção, fruindo a beatitude eterna.

Essa bem-aventurança é essencial só para Deus, mas para todos os 169 outros espíritos é supraessencial. Porque é impossível que qualquer essência criada possa tornar-se um só com Deus, perecendo de si mesmo, porque nesse caso a criatura se tornaria 170 Deus, o que é impossível. Porque a essência de Deus não pode diminuir, nem aumentar [Sr 42,22], e nada pode ser tirado d'Ele e nada adicionado a Ele. Não obstante, todos 171 os espíritos que amam são uma só fruição e uma bem-aventurança com Deus, sem diferença. Porque a essência bem-aventurada, que é a fruição de Deus e de todos Seus amados, 172 é tão simples, que lá não tem mais Pai, nem Filho, nem Espírito Santo, de acordo com a distinção pessoal, nem criatura alguma. Porque todos os espíritos iluminados estão elevados 173 acima de si mesmos até uma fruição sem modo, que é um transbordamento acima de toda plenitude que qualquer criatura já recebeu ou jamais poderia receber. Porque, aí, na supraessência 174 deles, são uma fruição e bem-aventurança com Deus, sem diferença. E aí a bem-aventurança é tão simples, que nunca poderia ser introduzida uma diferença.

Isso mesmo era o desejo do Cristo, 175 quando Ele pediu, ao Seu Pai celeste, que todos os Seus amados sejam trazidos até uma união perfeita, exatamente como Ele é um só na fruição, por meio do Espírito Santo. Assim 176 Ele rezou e desejou que Ele em nós, e nós n'Ele e no Pai do céu, se tornem um só na fruição, por meio do Espírito Santo [Jo 17,21-23]. E isso me parece a oração mais carinhosa 177 que o Cristo já fez para nossa bem-aventurança.

¶ *De triplici oratione Domini Iesu, qua petiit, ut unum cum Deo efficeremur. Caput XIII.*

Ubi tamen animadvertendum est, orationem eius triplicem fuisse, uti eam sanctus Ioannes in eodem describit Evangelio suo. Primo enim rogavit hoc pacto: Pater, quos dedisti mihi, volo ut ubi sum ego, et illi sint mecum, ut videant claritatem meam, quam dedisti mihi. Unde in huius libelli exordio dixi, bonos omnes cum Deo, per medium gratiae eius et virtuosam vitam suam, unitos esse. Dei nanque charitas novis cum donis semper in nos promanat: quod qui observant, ii virtutibus novis, sanctis exercitiis, et bonis omnibus, sicut iam ante dixi, replentur. Atque haec unio, quae fit plenitudine gratiae et gloriae in corpore et anima, in isthac vita temporaria inchoatur, et in omnem durabit aeternitatem.

Secundo oravit Dominus Iesus, quemadmodum multis Evangelii locis cernere licet, ut nos in illo simus, et ipse in nobis: quae est unio immediata vel sine medio. Etenim Dei charitas, ut diximus, non solum emanat, sed etiam trahit intro in unitatem. Quod qui sentiunt et observant, homines interni ac illuminati efficiuntur, eorumque supremae vires supra omnem earum exercitationem in essentiae suae nuditatem subvehuntur, atque inibi supra rationem in quandam rediguntur simplicitatem: quo fit, ut plenae sint et abundent: siquidem in hac simplicitate spiritus sese Deo absque medio unitum sentit. Et haec unio cum ea quae ad ipsam pertinet exercitatione aeterno permanebit, sicut iam supra dictum est.

Tertio celsissimam Christus precem fecit, nempe ut omnes chari amici eius consummentur in unum, sicut ipse cum Patre unum est: non quo sint unius cum eo substantiae[19] divinae, quod est impossibile, sed ut unum sint in eadem unitate, ubi ipse cum Patre in essentiali amore sine discretione una fruitio, unaque beatitudo est.

Iam quicunque triplici hac ratione Deo uniti sunt, in eis Christi oratio completa est: et ipsi cum Deo manabunt et fluitabunt, semperque

---

19. *quo — substantiae* em vez de *como se fosse uma única substância com o Pai* (nl. 185).

Mas deves observar que a Sua oração foi tripartida, como São João a descreve no mesmo Evangelho. Porque Ele rezou que nós 178 estejamos com Ele, para que possamos ver a clareza que o Pai Lhe deu [Jo 17,24]. Por esse motivo, eu disse no início que todas as boas pessoas são unidas com Deus pela 179 mediação da graça divina e da vida virtuosa delas. Porque o amor de Deus está sempre fluindo para nós com novos dons. E os que têm isso em consideração serão repletos com novas 180 virtudes e novos exercícios santos e todo o bem, assim como eu te disse antes. Essa união com abundância da graça e da glória, no corpo e na alma, tem início aqui e dura pela eternidade.

Além 181 disso, Cristo rezou que Ele esteja dentro de nós e nós estejamos dentro d'Ele. Encontramos isso em muitos trechos do Evangelho. Isso é a união sem diferença. Porque o amor 182 de Deus não é só efluindo, mas também traz para dentro na união. Eles que sentem e observam isso se tornam pessoas interiores e iluminadas. Aí, suas faculdades superiores estão 183 elevadas acima de todos seus exercícios, na nudez da sua essência. Aí, as faculdades são simplificadas acima da razão, na essência delas, e por esse motivo são repletas e transbordantes. 184 E nesta união, junto com os exercícios pertencentes, ficarão para sempre, como eu já disse antes.

No final, o Cristo fez a oração mais elevada, ou seja: que todos os Seus amados sejam 185 atraídos até a união perfeita, assim como Ele é um só com o Pai [Jo 10,9]; não como se fosse uma única substância com o Pai, porque isso nos é impossível, mas como um e na 186 mesma união em que Ele é, sem distinção, uma fruição e uma bem-aventurança com o Pai, num amor essencial.

Naqueles que estão unidos com Deus desta maneira tripartida, neles 187 a oração de Cristo está consumada. Com Deus eles vão

possidendo et fruendo ociosi erunt: agentque et patientur, et in superessentiali essentia sine ulla formidine vel terrore quiescent. Egredientur et ingredientur, et pascua tum hic, tum in futura semper vita invenient. Denique amore ebrii sunt, atque in Deo in quadam caliginosa claritudine obdormierunt.

Possem hinc plura dicere, sed qui haec adepti sunt, nihil verbis pluribus opus habent: et quibus haec manifestata sunt, quique amore cohaerent amori, eos amor veritatem abunde docebit. Qui autem foras sese effundunt, et ex rebus vanis ac extraneis solatia captant, ii horum nil noverunt, nec ea possunt re ipsa experiri: et si multo vellem plura dicere, me tamen neutiquam caperent. Nam qui se totos externis dedunt actionibus, aut sine ulla actione interno vacant ocio, haec intelligere non possunt. Quanvis enim ratio et omne sentire corporeum fidei et spiritus intentae contemplationi, atque illis rebus quae rationem excedunt, cedere ac succumbere debeat, at tamen ratio et vita sensitiva sine actione in habitu persistunt, nec perire possunt, non magis quam ipsa hominis natura. Sic etiam licet spiritus intentam contemplationem et inclinationem in Deum, unitatis fruitioni cedere oporteat, at nihilo minus contemplatio ipsa et inclinatio habitu perseverant. Siquidem haec intima spiritus vita est: et in illuminato sursum scandente homine vita sensitiva adhaeret spiritui: acque ea de causa vires eius sensitivae cordiali cum amore ad Deum adiunctae sunt, et natura eius bonis omnibus completa est: sentitque vitam suam spiritalem sine medio cohaerere Deo. Quamobrem vires eius supremae perpetuo amore ad Deum suspensae sunt, et divina perfusae ac penetratae veritate, et in formarum nescia fixae ac constabilitae libertate: atque per haec spiritus iste Deo plenus est, immo et superabundat sine modo. Et in abundantia sive redundatione essentialiter diffluit aut immergitur in superessentialem unitatem, ubi est unio indiscreta, sicut ante saepius dixi. In superessentiali nanque unitate omnes viae nostrae desinunt. Iam si cum Deo praecelsa amoris itinera decurrere velimus, cum ipso etiam aeterno ac sine fine quiescemus: sicque perenniter et accedemus, et ingrediemur, et quiescemus in Deo.

para dentro e para fora, e sempre são vazios no possuir e no fruir. Eles vão para fora e para dentro, e encontram alimento 188 aqui e aí. Estão embriagados por causa do amor e apagados em Deus, numa luminosidade escura.

Eu podia falar muito mais sobre esse assunto. Mas aqueles que já possuem isso, não vão 189 precisar dessa fala, e outros, aos quais isso já foi revelado e que aderem ao amor com amor, o amor lhes ensinará sem dúvida a verdade. Mas os que estão orientados para fora e recebem 190 consolação de coisas alheias, eles nem sabem o que lhes falta. Mesmo se eu falasse muito mais, eles não entenderiam. Porque os que se dedicam muito às obras exteriores ou, sem 191 trabalho, estão num vazio interior, não podem entendê-lo. Mesmo se a razão e o sentir devem ceder à fé e ao olhar para dentro do espírito e a todas as coisas que são acima da razão, a 192 razão, todavia, permanece sem ação, mas fica como potência, e isso vale igualmente para a vida dos sentidos; eles não podem perecer, assim como a natureza humana não pode 193 perecer. Não obstante seja verdade, também, que o olhar para dentro e a inclinação do espírito em Deus têm que ceder à fruição em simplicidade, o olhar para dentro e a inclinação 194 ficam na potência. Porque isso é a vida mais íntima do espírito. No homem iluminado, que sempre vai para cima, a vida dos sentidos está pendurada ao espírito. Por esse motivo, todas 195 as faculdades sensíveis são ajustadas a Deus com amor sensível, e sua natureza está repleta de todo o bem. Ele sente como a sua vida espiritual está pendurado em Deus, sem 196 mediação. Por esse motivo, as suas faculdades superiores são erguidas até Deus com amor eterno, penetradas pelo amor divino e imobilizadas numa liberdade sem imagens. 197 Esse homem está repleto de Deus e transbordando sem limite. Nesse transbordamento estão o efluir e o afundar-se essenciais, na unidade supraessencial. Aí, a união é 198 sem diferença, como eu já te disse, porque na supraessência se acabam todos os nossos caminhos. Se quisermos percorrer com Deus os altos caminhos do amor, precisamos descansar 199 com Ele pela eternidade. Dessa maneira, eternamente, vamos para Ele e entramos n'Ele e descansamos em Deus.

¶ *Epilogus huius libelli, ubi simul author sese Ecclesiae Catholicae iudicio submittit, rursumque monet cavendos haereticos. Caput XIIII.*

Equidem hac vice mentem et sententiam meam planius explicare nequeo. Interim tamen in omnibus quae vel capio, vel sentio, vel etiam scripsi, totum me Sanctae Ecclesiae Catholicae et sanctorum iudicio ac sententiae submitto. Omnino enim Christi Iesu servus in fide catholica et vivere et mori statuo, et per Dei gratiam vivum Sanctae Ecclesiae membrum esse appeto.

Atque eamobrem, sicut iam supra dixi, caveat sibi unusquilibet ab eversis illis hominibus, qui per imaginum expers ocium suum vel ociosam imaginum carentiam, simplici ac nudo adspectu suo naturaliter intra sese Dei in ipsis existentiam invenerunt, voluntque unum esse cum Deo absque Dei gratia et virtutum exercitatione, et nec Deo nec Sanctae Ecclesiae obedire: atque cum omni illa execrabili et perversa, quam ante commemoravimus, vivendi ratione filii Dei etiam ex natura esse volunt. Atqui si Archangelus e caelo detrusus est, quod in superbiam erectus, ad Dei adspiraret aequalitatem: et primus homo ex Paradiso eiectus est, quod Deo vellet esse similis: quinam fieri poterit, ut peccator deterrimus, videlicct Christianus perfidus ac haereticus, e terra scandat in caelum, dum ipse vult esse Deus absque gratiae et virtutum similitudine? Nemo enim propria virtute asscendit in caelum, nisi filius hominis Christus Iesus.

Cui nos uniri oportet per gratiam, virtutes, et fidem Christianam: sicque cum eo, quo ipse praecessit, scandere poterimus. Extremo nanque die omnes resurgemus, singuli cum corporibus suis: et qui bona egerunt opera, ibunt in vitam aeternam: qui vero mala, in ignem aeternum. Qui sunt duo admodum diversi fines, qui nunquam adunari poterunt, altero ab altero semper diffugiente[20].

FINIS APOLOGIAE.

---

20. *Reza e intercede* — *Amém* (nl. 208-210) falta na tradução de Surius.

Neste momento, não posso te explicar melhor. De tudo o que já entendi, 200 ou senti, ou escrevi, me sujeito ao julgamento dos Santos e da Santa Igreja. Porque quero viver e morrer como servidor do Cristo, na fé cristã, e quero ser, pela graça de Deus, 201 um membro vivo da Santa Igreja.

Por isso, como já te disse antes, tem cuidado com os homens enganados, que por meio de sua ociosidade e da isenção de todo tipo de imagem, 202 com uma visão vazia e simples, encontraram dentro de si mesmos, num modo natural, a presença de Deus, e pretendem agora ser um só com Deus, sem a graça de Deus, sem a prática 203 de virtudes, numa desobediência a Deus e à Santa Igreja. Com essa vida perversa, que já descrevi, eles querem, por natureza, ser filho de Deus. E quando o Príncipe dos anjos foi 204 expulso do céu porque ele se exaltava e queria ser igual Deus, e quando o primeiro homem foi expulso do Paraíso porque queria ser igual Deus, como então o pior dos pecadores, isto é, 205 o cristão desleal, pode chegar da terra até o céu, ele que deseja ser Deus, mas sem semelhança com Ele na graça e nas virtudes? Porque nenhum ascende para o céu com sua própria 206 força, senão o Filho do Homem, Jesus Cristo [Jo 3,13].

Por esse motivo, devemos nos unir a Ele por meio da graça, das virtudes e da fé cristã, a fim de ascendermos com 207 Ele aonde Ele nos precedeu. Porque no último dia todos nós ressurgiremos, cada um com seu corpo próprio. Os que praticaram boas obras irão para a vida eterna, e os que praticaram 208 obras más, para o fogo eterno. São dois fins muito diferentes, que nunca podem ser reunidos, porque um se distancia do outro, sem parar.

Reza e intercede para quem compôs e escreveu 209 esse livrinho, para que Deus tenha piedade dele, e para que o seu começo pobre, sua meia-idade miserável, como de nós todos, se consumam num fim sagrado. Queira Jesus Cristo, 210 o Filho vivo de Deus, conceder isso a todos nos. Amém.

3
João de Ruysbroeck: A pedra brilhante

Introdução: ocasião e data

Frade Gerardus fala, no seu *Prólogo*, das origens desse livro, nos seguintes termos:

> […] em algum momento, Ruysbroeck encontrou-se com um eremita e conversou de matérias espirituais. No momento da partida, esse Frade pediu-lhe para esclarecer a conversa com alguns textos, para que ele e outros leitores se tornassem melhores. Respondendo ao pedido do eremita, ele escreveu este livro, que, por si só, contém uma doutrina adequada para conduzir qualquer pessoa a uma vida perfeita. (*Prólogo*, nl. 48-50, p. 51 neste livro)

Infelizmente, não temos mais informações, como no caso do *Livrinho*. Este tratado foi escrito entre 1343-1350, no período em que Ruysbroeck mesmo vivia como eremita. Num trecho do texto encontramos ainda um restante da conversa que Ruysbroeck e o eremita anônimo tiveram:

> "Mas ainda quero saber como nos podemos tornar filhos ocultos e obter uma vida contemplativa." Tenho observado o seguinte […] (nl. 176-177, p. 139 neste livro)

Este trecho é também importante para entender melhor a estrutura do texto de Ruysbroeck, que consiste em duas partes. Na parte anterior à pergunta do eremita anônimo, Ruysbroeck explica seu conceito da evolução da vida espiritual, em duas passagens sobre a subida religiosa. Só depois trata das da questão do eremita: 1. como atingir a contemplação divina?; 2. como experienciar essa contemplação divina?

Resumo do texto

Eis um resumo sucinto do texto (conforme ao COMPLETE RUUSBROEC, 2014, v. 1, p. 36-38):

1. Introdução, o estado mais alto na vida contemplativa — a pessoa boa, interior e contemplativa, efluindo em amor (nl. 1-3)
2. A evolução da vida contemplativa (nl. 3-176):
    2.1. Primeiro esboço da evolução tríplice (nl. 3-52)
        2.1.1. A pessoa boa (a vida ativa) (nl. 3-11)
        2.1.2. A pessoa interior (a vida interior) (nl. 11-26)
        2.1.3. A pessoa contemplativa (a vida contemplativa de Deus) (nl. 26-52)
    2.2. A pedra brilhante: Cristo como dom da graça (nl. 52-72)
    2.3. Segundo esboço da evolução, entendida como resposta a essa graça (nl. 72-176):
        2.3.1. A vocação universal de Deus (nl. 72-74)
        2.3.2. A rejeição desta vocação por cinco grupos de pecadores (nl. 74-88)
        2.3.3. A oferta tríplice de graça por Deus (nl. 88-98)
        2.3.4. A resposta tríplice a esta oferta de graça (nl. 98-176):
            2.3.4.1. Mercenários e servos fiéis (nl. 98-116)
            2.3.4.2. Servos fiéis e amigos secretos (nl. 116-141)
            2.3.4.3. Amigos secretos e filhos ocultos (nl. 141-176)
3. Excurso sobre a vida contemplativa de Deus (nl. 176-344):
    3.1. Introdução (nl. 176-178)
    3.2. Como chegar à vida contemplativa de Deus? (nl. 178-202):
        3.2.1. Primeira avaliação (repetindo 2.3.4.2-3) (nl. 178-186)
        3.2.2. Segunda avaliação (nl. 186-191)
        3.2.3. Evolução de 3.2.2 (nl. 191-202)
    3.3. Como viver a vida contemplativa de Deus? (nl. 202-234):
        3.3.1. Deus como riqueza insondável (nl. 202-207)
        3.3.2. Amor em união e distinção (nl. 207-222)
        3.3.3. Deus como riqueza insondável (repetindo 3.3.1) (nl. 222-234)
    3.4. Correção de três mal-entendidos (nl. 234-310):
        3.4.1. Conhecimento ativo e amor não estão ausentes na união mais alta (nl. 234-238)

3.4.2. Estar um só com Deus não suprimi a distinção (nl. 234-278):
Quatro momentos no encontro de Deus (nl. 234-238):
3.4.2.1. O Amor ativo como resposta à graça de Deus (nl. 238-250)
3.4.2.2. O efluir passivo e o abraço de Deus (nl. 250-254)
3.4.2.3. Sendo um só com Deus (nl. 254-258)
3.4.2.4. Caindo de volta na distinção e a ânsia para a união (nl. 258-278)
3.4.3. A vida contemplativa não é idêntica à vida eterna (nl. 279-310):
3.4.3.1. A vida mortal vela a contemplação da claridade de Deus (nl. 279-286)
3.4.3.2. Os três estados da humanidade no que diz respeito à contemplação de Deus (nl. 286-293)
3.4.3.3. A contemplação de Deus como antevisão da vida eterna (nl. 293-300)
3.4.3.4. A pedra brilhante como acesso à vida contemplativa de Deus e à vida eterna (nl. 300-310)
3.5. A contemplação de Deus com Jesus no Tabor do espírito puro (nl. 310-333):
3.5.1. Jesus revela Sua divindade no espírito puro (nl. 310-316)
3.5.2. A Voz do Pai nos toca, efluindo na graça e trazendo de volta para a união (nl. 316-333)
3.6. Seis pontos que levam à fruição de Deus (nl. 333-344):
3.6.1. Três pontos inferiores: paz, silêncio interno, adesão amorosa (nl. 333-337)
3.6.2. Três pontos superiores: descansar em Deus, adormecer em Deus, morrer em Deus (nl. 337-344)
4. A vida "comum" como síntese de contemplação e atividade (nl. 344-353)
Oração final (nl. 353)

D. IOANNIS RUSBROCHII DOCTORIS DIVINI ET EXCELLENTISSIMI CONTEMPLATORIS,
de calculo, sive de perfectione filiorum Dei Libellus admirabilis.

¶ *Quatuor requiri ad perfectissimum vitae genus, et primo, quaenam bonum efficiant hominem. Caput I.*

Quisquis in perfectissimo sanctae Ecclesiae statu degere appetit, is ut homo strenuus ac bonus, itemque internus ac spiritalis, atque etiam sublevatus, Deumque contemplans, et denique larga pietate omnibus sese communicans[1], cunctisque communis sit oportet. Isthaec quatuor dum in uno aliquo simul concurrunt, illius status absolutus et perfectus est, idemque in gratia et cunctis virtutibus veritatisque cognitione coram Deo et omnibus hominibus ratione utentibus, continenter crescit ac proficit.

Sed iam principio tria quaedam consideranda veniunt, quae bonum reddunt hominem. Primum, idemque necessarium homini bono, pura ac munda est conscientia, sine mortalis peccati remorsu vel accusatione. Quae ut possit obtineri, is qui bonus effici cupit, magno cum iudicio sive discretione ab eo usque tempore quo peccare potuit, sese ut exploret, dispiciat, scrutetur oportet, et iuxta sanctae Ecclesiae constitutionem, institutum ac modum se expurget.

Alterum, quo quis bonus efficitur, id est, ut in omnibus Deo, sanctae Ecclesiae, et propriae rationi obtemperet. His nanque tribus consimiliter obediendum est, atque ita sine perplexitate vel ambiguitate ac sine solicitudine vivet, nec unquam in suis actibus intus repraehendetur.

Tertium, idemque ad omnes pertinens, est, ut in cunctis actionibus suis potissimum ac praecipue Dei spectet honorem. Quod si ob actionum suarum multitudinem et occupationes Deum prae oculis

---

1. *et denique — sese comunicans* em vez de *efluindo a todos* (nl. 1).

João de Ruysbroeck: A pedra brilhante

1 Quem queira viver no estado mais perfeito da Santa Igreja, deve ser zeloso e bom, interno e espiritual, elevado e contemplando Deus, efluindo a todos e um homem comum. Se esses quatro 2 estão juntos dentro de um homem, então seu estado é perfeito, sempre crescendo em mais graças, em todas as virtudes e num conhecimento da verdade diante de Deus e de 3 todos os homens racionais [Lc 2,52].

Em primeiro lugar, tens de considerar três pontos que fazem o homem "bom". O primeiro ponto que um homem deve possuir é uma 4 consciência pura, sem remorso de pecados mortais. Por esse motivo, alguém que quer tornar-se um homem bom, deve examinar-se e observar-se com grande discernimento, 5 desde os tempos em que se tornou capaz de cometer pecados. Desde então, ele deve se purificar, de acordo com a ordenança e maneira da Santa Igreja.

O segundo ponto que faz um homem 6 "bom" é que ele deve ser obediente a Deus, à Santa Igreja e ao seu próprio discernimento, em todas as coisas, e tem de obedecer a esses três do mesmo modo. Dessa maneira, ele vive 7 sem dúvida e preocupação e fica sempre irrepreensível interiormente, em todas as suas obras.

O terceiro ponto que cada um deve observar é buscar principalmente a honra de Deus 8 em tudo o que faz. Mas, mesmo se não tiver sempre, principalmente, Deus diante dos olhos, por causa da ocupa-

semper habere non potest, ad minus tamen ita debet esse affectus, ut secundum gratissimam Dei voluntatem appetat velitque seu intendat vivere.

Isthaec tria bonum efficiunt hominem: cui autem aliquod horum deficit, is bonus non est, et divinae gratiae expers est. Porro dum quispiam tria haec exequi statuit ac proponit in animo suo, quantumvis antea malus fuerit, eodem ipso temporis puncto fit bonus, Deoque charus et acceptus, et Dei gratia impletur.

¶ *De tribus quae reddant hominem internum. Caput II.*

Iam si istiusmodi homo bonus, etiam internus ac spiritalis effici debeat, eo tria alia exiguntur: Primum est, cor imaginibus vacuum. Alterum, spiritalis libertas in affectu. Tertium, internam sentire unionem cum Deo. Exploret hic et inspiciat unusquilibet semetipsum, qui se putat esse spiritalem.

Qui cor appetit habere imaginibus vacuum, huic nihil licet possidere cum amore, neque cuiquam voluntaria propensione vel affectu adhaerere, aut adesse sive conversari familiariter[2]. Omnis enim conversatio, et Amor omnis, cuius verissima causa Deus non est, cor hominis imaginibus afficit, eo quod non ex Deo, sed ex carne traxerit originem. Atque ea re si quis velit spiritalis effici, omnis ei carnalis amor repudiandus est, ita ut soli Deo cum amore et affectu adhaereat, eumque hoc pacto possideat. Hoc ipso nanque omnes ex corde imagines et omnis erga creaturas amor inordinatus depellitur ac profligatur: ipsaque Dei per amorem possessio, cunctis intus hominem imaginibus liberat et absolvit: siquidem spiritus est Deus, cuius nulla potest vera aut propria imago effingi. In ipsa autem sui exercitatione is, de quo agimus[3], bonas assumet proponetque imagines, puta dominicam passionem, et quaecunque ipsum ad maiorem possint incitare devotionem ac pietatem. At vero dum Deum possidet, nuditati cuidam imaginum experti, quae

---

2. *aut — familiariter* em vez de *lidar* (nl. 13).
3. *de quo agimus* adicionado.

ção e multidão de seus afazeres, ele deve ao menos estar firme na sua 9 intenção e no seu desejo de viver de acordo com a vontade gratíssima de Deus.

Se alguém possuir esses três pontos, ele se torna um homem bom. Se não observar nenhum ponto dos três, 10 ele não é um homem bom, nem vive na graça de Deus. Mas quando alguém estiver resolvido no seu coração para observar esses três pontos, ele se tornará bom e capaz de Deus, e 11 cheio da graça divina no mesmo momento, não importa quão malvado tenha sido antes.

Mas se esse alguém quer tornar-se um homem interno e espiritual, são necessários mais três 12 pontos. O primeiro é que ele tenha o coração livre de imagens. O outro é a liberdade espiritual no seu desejo. O terceiro é que sinta uma união interior com Deus. Faze então todo 13 mundo que se julga espiritual examinar-se a si mesmo.

Quem quiser o coração livre de imagens, não deve possuir coisa alguma com afeição, nem afeiçoar-se na primeira prova ou lidar com alguém com afeto voluntário. Isso, porque todo relacionamento e afeto 14 que não têm puramente a honra de Deus como objetivo vai trazer imagens no coração do homem, pois não são nascidos de Deus, mas da carne [Jn 1,13]. Por isso, se alguém 15 quiser tornar-se espiritual tem que repudiar todo amor carnal e só ligar-se a Deus com desejo e amor, e assim possuí-l'O. Dessa maneira, será expulso todo incômodo de imagens 16 e toda afeição desordenada para as criaturas. No possuir de Deus com afeição, o homem se torna interiormente livre de todas as imagens. Porque Deus é um Espírito e ninguém pode 17 imaginar propriamente uma imagem d'Ele [Jn 4,24]. Mas nos seus exercícios o homem deve concentrar-se em imagens boas, como na paixão do Senhor e em todas as coisas 18 que o ajudam para chegar ao nível mais alto de devoção. Porém, no possuir Deus o homem deve entrar nesse

Deus ipse est, inhaerebit. Et hoc primum est, adeoque fundamentum vitae spiritalis.

Alterum est interna libertas, id est, ut absque imaginibus vel simulacris et impedimentis sese quis possit erigere in Deum in cunctis exercitiis internis, verbi gratia, in gratiarum actione, in laude, in veneratione, seu reverentiae exhibitione, in devotis precibus, in intimo amore, ac demum in omnibus illis, quae affectum sive appetentiam et amorem excitare queant, idque per divinae gratiae opem, et internam erga cuncta spiritalia exercitia strenuitatem sedulitatemque.

Per haec autem exercitia interna ad tertium pertingitur, quod est, spiritalem cum Deo sentire unionem. Quisquis enim in sua exercitatione liberum ac imaginum expertem ad Deum accessum habet, nec quicquam nisi Dei spectat honorem, is non potest non gustare bonitatem Dei, veramque intus cum Deo sentire unionem, in qua vita interna ac spiritalis perficitur et consummatur. Ex hac nanque unione affectus sive desiderium nunquam non recenter ad novas internas actiones excitatur ac permovetur, atque continenter agendo spiritus in novam asscendit unionem: sicque actio et unio perpetim renovatur: et haec utriusque innovatio[4], vita spiritalis est.

Ex his igitur perspici licet, hominem esse bonum per virtutes morales cum recta intentione coniunctas, eundemque spiritalem fieri per virtutes internas, unionemque cum Deo. Atque sine his duobus nec bonus, nec spiritalis potest evadere.

¶*Ut tria quaedam contemplatorem efficiant. Caput III.*

Caeterum[5] si homo iste spiritalis, Dei contemplator fieri debeat, eo itidem tria requiruntur. Primum est, ut essentiae suae fundamentum prorsus fundo carere sentiat: et ita quoque ipsum possideat. Alterum, ut exercitatio eius, modi expers sit. Tertium, ut eius inhabitatio quaedam divina fruitio sit.

---

4. *et haec utriusque innovatio* em vez de *Esse renovar-se em trabalhos e na união* (nl. 24).
5. *tens de saber* (nl. 26) falta.

puro ser livre de imagens, que é Deus. E isso é o primeiro ponto e o 19 fundamento de uma vida espiritual.

O outro ponto é a liberdade interior. Isso significa que o homem pode elevar-se até Deus sem impedimentos, livre de imagens, por meio de 20 todo tipo de exercícios interiores, na gratidão e no louvor, na reverência, nas orações devotas e, finalmente, em todas as coisas que podem produzir desejo e afeição por meio da graça 21 de Deus, bem como o zelo interior para os exercícios espirituais.

Por meio desses exercícios interiores se chega ao terceiro ponto, isto é, que se sente uma união espiritual com Deus. 22 Quem tem nos seus exercícios interiores uma subida livre até seu Deus, sem obstáculo de imagens, e só mira a honra de Deus, ele vai sentir a bondade de Deus e conhecer a verdadeira 23 união com Deus. E nessa união vai ser aperfeiçoada a vida interior e espiritual. Porque essa união move sempre de novo o desejo e excita a novos trabalhos internos, e, operando tudo, 24 o espírito vai subindo num novo unir-se. Dessa maneira, trabalho e união se renovam sempre. Esse renovar-se em trabalhos e na união é uma vida espiritual.

Assim podes experimentar 25 como o homem é bom graças a virtudes morais com a intenção justa, e como ele pode virar espiritual graças a virtudes interiores e a união com Deus. Sem esses três pontos, o 26 homem não pode ser bom, nem espiritual.

Em seguida, tens de saber que, se o homem espiritual quiser tornar-se um contemplador de Deus, são necessários três pontos. 27 Primeiro, que ele sinta o fundamento da sua essência como insondável e que desse modo tem que possuí-lo. O outro é: seus exercícios devem ser sem modo. O terceiro: a sua 28 inabitação seja um fruir divino.

Animum hic advertant, quicunque in spiritu vivere conantur: iis enim solis iam loquor: Unio illa, qua homo spiritalis Deo se coniunctum sentit, dum se spiritui infinitam exhibet ac manifestat, id est, absque modo et mensura profundam, sublimem, longam ac latam, in eadem ipsa manifestatione vel apparitione animadvertit ac sentit, perspicitque spiritus, sese sibiipsi per amorem demersum esse in profunditatem, sublevatum in altitudinem, procul progressum in longitudinem, ac in latitudinem aberrasse: itemque commorari se in incognita cognitione, et per adhaesivum unionis experimentum in unitatem, atque per omnem mortificationem in Dei vitam sive vivacitatem sese defluxisse, ubi iam unam se sentit vitam cum Deo. Et hoc vitae contemplativae fundamentum est, primumque illi necessarium[6].

Atque hinc alterum trahit originem, quod est exercitatio supra rationem, eademque modo carens. Dei nanque unitas, quam singulus quisque contemplator sive contemplativus spiritus per amorem possidet, tum ipsas divinitatis personas, tum omnes amantes spiritus perpetuo in seipsam intro trahit, vocat ac exigit: et hunc tractum singuli amantes pro sui amoris mensura, atque exercitationis suae modo, magis ac minus sentiunt. Quisquis autem hunc observat tractum, eique perseveranter adhaeret, is non potest in peccatum labi mortiferum. Atqui homo contemplator, qui seipsum abnegavit et omnia, nec ulla re se sentit abstrahi, eo quod nihil cum proprietate possideat, sed sit liber et expeditus ab omnibus, semper in intima spiritus sui penetralia nudus et imaginibus vacuus penetrare ac pertingere valet. Hic vero aeternam quandam lucem invenit manifesto apparentem, in ipsaque luce perpetuum unitatis Dei tractum intro invitantem ac vocantem percipit: et seipsum quidem velut perenne quoddam sentit amoris incendium sive ardorem, supra omnia unum cum Deo esse appetentem. Quantoque ipsum tractum intro invitantem studiosius observat, eo amplius sentit: et quo plus sentit, tanto magis ei libet unum esse cum Deo. Appetit enim solvere debitum, quod exigitur a Deo. Et ipsa quidem perpetua unitatis

---

6. *primumque illi necessarium* em vez de *e o primeiro ponto de uma vida contemplativa* (nl. 32).

Entende isso bem, tu que queres viver no espírito, porque estou falando só para ti. Aquela união com Deus que o homem espiritual sente quando 29 a união se revela como insondável, imensuravelmente profunda, imensuravelmente alta, imensuravelmente larga e ampla [Ef 3,18]. Na mesma revelação o espírito sente que, 30 de si mesmo, se afundou na profundidade por meio do amor, se elevou à altura e se ultrapassou na longitude. E ele se sente também perdido numa amplidão, se sente habitando num 31 conhecimento desconhecido e sente ter efluído de si mesmo por meio de uma sensação apegada à união, em unidade e pela mortificação na força da vida de Deus. Aí se sente uma 32 vida com Deus. Isso representa o fundamento e o primeiro ponto de uma vida contemplativa.

Daí surge o outro ponto, ou seja, um exercício acima da razão e sem modo. Porque a unidade 33 de Deus, que qualquer espírito contemplativo possui em amor, perpetuamente traz para dentro e solicita as Pessoas divinas e todos os espíritos amantes no interior de si mesmo. Qualquer 34 pessoa que ama sente esse trazer para dentro, com força menor ou maior, segundo a medida do seu amor e do modo do seu exercício. Qualquer pessoa que sente esse trazer para 35 dentro e fica com ele, não pode cair em pecados mortais. Mas o homem contemplativo, que se nega a si mesmo e todas as coisas, e não se sente distraído por alguma coisa, porque 36 nada possui como propriedade, mas está vazio de todas as coisas — esse homem então pode sempre entrar no íntimo do seu espírito nu e livre de imagens. Aí ele encontra uma luz 37 revelada e eterna, e nessa luz ele sente a eterna atração da unidade de Deus para dentro, e se sente como um fogo eterno de amor, que acima de todo desejo gosta de ser um com Deus. 38 Tanto maior é esse sentimento, quanto mais ele observa esse trazer para dentro. E quanto mais sente, tanto mais tem vontade de ser um com Deus, porque ele deseja pagar a dívida que 39 Deus lhe pede. O eterno trazer para dentro pela unidade de Deus causa no espírito um ardor eterno de amor.

Dei exactio, perennem quendam in spiritu amoris ardorem efficit: sed ubi spiritus sine intermissione suum persolvit debitum, id perpetuam in ipso conflagrationem excitat. Siquidem in unitatis transformatione cuncti spiritus sua actione deficiunt, neque aliud sentiunt, nisi penitus conflagrare vel concremari se in simplicem Dei unitatem. Hanc Dei simplicem unitatem nemo sentire neque possidere potest, nisi in immensa coram assistat claritudine, et Amore rationem excedente ac modinescio. In hac autem assistentia, id est[7], dum ita coram assistit, perpetuum quendam Amoris ardorem spiritus in se sentit, nec tamen ullum huius ardoris vel initium vel finem reperit, et seipsum cum hoc Amoris ardore unum esse sentit. Semper quidem spiritus in seipso ardet, eo quod Amor eius perpetuus est, et semper etiam in Amore conflagrare se sentit, eo quod in unitatis Dei transformationem rapitur. Caeterum ubi in Amore ardet spiritus, si seipsum animadvertat, inter se et Deum discrimen atque diversitatem sentit: Ubi vero conflagrat, ibi simplex est, nec percipit discrimen, nihil nisi unitatem sentiens. Enimvero immensa charitatis Dei flamma quicquid appraehendere et circumplecti potest, in seipsam absorbet, vorat, et consumit.

Ex quibus animadverti licet, Dei unitatem intro trahentem, nihil esse aliud, quam infinitam charitatem illam quae Patrem et Filium, cunctaque in eis per Amorem viventia in aeternam fruitionem introrsus trahit. Et in hac charitate nos sine fine in omnem aeternitatem et ardebimus et conflagrabimus: siquidem in hoc cunctorum spirituum beatitudo consistit. Atque eamobrem omnis vita nostra in inexhausta ac infinita abysso fundanda nobis est: sicque perenniter in Amorem nos immergere, atque in infinitam profunditatem demergere poterimus. Et cum eodem amore nosipsos in incompraehensibilem elevabimus ac excedemus sublimitatem: atque in ipso Amore modinescio vagabundi aberrabimus, et ipse nos in immensam charitatis Dei abducet latitudinem, in eaque nos manabimus, et a nobisipsis in incognitas opulentiae bonitatisque divinae delicias defluemus: atque in iis liquefiemus atque

---

7. *id est* adicionado.

Mas aí onde o espírito paga sem interrupção essa dívida, causa em si mesmo 40 um perpetuo queimar-se. Porque todos os espíritos param de fazer suas obras na transformação da unidade, e eles não sentem outra coisa senão o queimar-se totalmente na unidade 41 de Deus. Essa unidade simples de Deus, ninguém a pode sentir nem possuir, a não ser que esteja em frente [de Deus] numa claridade imensurável e num amor acima da razão e sem 42 modo. Nesse "estar em frente", o espírito sente em si mesmo um arder eterno em amor. Nesse ardor do amor, ele encontra fim nem começo, e se sente um com esse ardor do amor. 43 Sempre o espírito fica ardendo em si mesmo, porque seu amor é eternal. E sempre ele se sente queimar no amor, porque está trazido na transformação da unidade de Deus. Mas 44 quando o espírito arde em amor, se ele se conhece a si mesmo, sente diferença e alteridade entre si e Deus. Mas quando o espírito se queima, então ele é simples e sem diferença, e por isso 45 não sente outra coisa que não a união. Porque a chama imensurável de Deus consome e devora tudo o que pode abranger dentro de si mesmo.

Dessa maneira, podes observar 46 que a unidade de Deus, que traz tudo para dentro, não é outra coisa que aquele amor insondável, que traz para dentro amorosamente o Pai e o Filho e tudo o que n'Ele vive, num fruir 47 eternal. E nesse amor, queremos arder e queimar sem fim na eternidade, porque nisso consta a beatitude de todos os espíritos. Por esse motivo, temos de fundar toda nossa vida 48 num abismo insondável, e assim podemos afundar no amor eternamente e perder-nos a nós mesmos na profundidade insondável. E com esse mesmo amor elevaremos e submeteremos 49 nós mesmos à sublimidade incompreensível, e andaremos errantes no amor sem modo. Ele que vai nos conduzir à amplidão imensa do amor de Deus. Nesse amor, vamos efluir, e 50 efluir também além de nós mesmos, nessa luxúria desconhecida e na

colliquescemus, et aeterno infinite absorbebimur ac demergemur[8] in Dei gloriam.

Nimirum sub qualibet harum similitudinum homini contemplativo suum statum suamque exercitationem demonstro: nec alius quisquam isthaec poterit intelligere. Etenim vitam contemplativam nemo alium docere potest: sed aeterna veritate in spiritu se manifestante, quaecunque necessaria perdiscuntur.

¶ *Quid sibi velint calculus candidus et nomen novum, in sancti Ioannis Apocalypsi. Caput IIII.*

Unde Domini Spiritus in S. Ioannis Apocalypsi ait: Vincenti et transcendenti seipsum et omnia[9], dabo manna absconditum, id est, gustum quendam internum et occultum, et caelicum gaudium. Et dabo ei calculum candidum, et in calculo nomen novum scriptum, quod nemo scit, nisi qui accipit. Lapillus iste ob suam parvitatem calculus dicitur, eo quod etiam pedibus calcatus, nullo dolore calcantem afficiat. Est autem nitidus et rubicundus instar flammae igneae, exiguus etiam ac rotundus, et undique aequabilis, ac levis admodum.

Itaque per calculum hunc candidum, Dominus noster Iesus Christus accipi potest. Is enim secundum divinitatem suam candor est lucis aeternae, et splendor Paternae gloriae, et speculum sine macula, in quo omnia vivunt. Vincenti igitur ac transcendenti omnia datur hic calculus candidus, et in eo accipit ille claritudinem, veritatem et vitam.

Est etiam calculus iste flammae igneae similis: Siquidem ignita verbi aeterni charitas totum terrarum orbem Amore implevit, omnes amantes spiritus in Amore penitus concremare volens.

---

8. *absorbebimur ac demergemur* em vez de *rodar e ser rodados* (nl. 50).

9. *et transcendenti seipsum et omnia* em vez de *isso é, àquele que se transcende a si mesmo e a todas as coisas* (nl. 53).

bondade divina. E lá dentro vamos nos fundir e ser fundidos, rodar e ser rodados eternamente na glória de Deus.

Vê, 51 em cada uma dessas semelhanças mostro o próprio ser e os exercícios do homem espiritual. Mas nenhum outro pode entender, porque ninguém pode ensinar a vida contemplativa. 52 Mas onde se manifesta a verdade eterna no espírito, aí se aprendem todas as coisas necessárias.

Por esse motivo, o Espírito do Senhor diz no Livro das Coisas Escondidas de Deus, como 53 escreve São João: "Ao vencedor", — isso é, àquele que se transcende a si mesmo e a todas as coisas — diz, "darei o maná escondido" — isso significa um gosto interior escondido e uma 54 alegria celestial — "e, também, uma pedrinha brilhante, na qual estará escrito um nome novo, que ninguém conhece, a não ser quem o recebe" [Ap 2,17]. Por causa da sua pequenez 55 essa pedrinha é chamada "seixo", porque se for pisada pelos pés, o homem nem sente dor. Essa pedrinha é resplendente e vermelha, igual a uma chama ardente, e também pequena, 56 redonda, por todas as partes igual e muito leve.

Essa pedrinha brilhante pode ser entendida como sendo o Senhor Jesus Cristo, porque conforme Sua Divindade Ele é a brancura da luz 57 eterna e o resplendor da glória de Deus [Hb 1,3], e um espelho sem mancha, em que todas as coisas vivem [Sb 7,26]. A quem vence todas as coisas e transcende a si mesmo 58 vai ser dada essa pedra brilhante, no qual ele recebe claridade, verdade e vida.

Essa pedra é igual a uma chama ardente, porque a caridade ardente do Verbo Eterno preencheu toda a 59 terra com amor, querendo inflamar totalmente no amor todos os espíritos amantes.

Tanta quoque calculi huius exilitas est, ut vix sentiatur calcatus pedibus. Atque inde calculus velut a calcando dictus videtur. Quod quemadmodum Filio conveniat, Apostolus exponit ubi ait: Qui cum in forma Dei esset, semetipsum exinanivit et humiliavit, formam servi accipiens, et factus obediens usque ad mortem, mortem autem crucis. Et ipse Dominus[10] per Prophetam loquitur de seipso[11]: Ego autem sum vermis, et non homo, opprobrium hominum, et abiectio plebis. Usqueadeo id temporis idem ipse se exinanivit, ut Iudaeorum pedibus proculcaretur, nec tamen sentiretur a calcantibus. Si enim filium Dei cognovissent, cruci eum figere non fuissent ausi. Immo hodieque idem Dominus Iesus[12] parvus et nullius pensi habetur in cordibus omnium ipsum non amantium.

Deinde praeclarus hic lapillus, puta calculus, de quo nobis hic sermo texitur[13], figurae sphaericae est et omni ex parte aequabilis: Et rotunditas quidem sive forma sphaerica divinam veritatem neque principium, neque finem habere nos instituit. Aequabilitas autem circularis eandem veritatem aequo iudicio libraturam omnia, et unicuique pro meritis reddituram. Quod autem quisque acceperit, id illi aeterno manebit[14].

Calculus denique admodum levis est[15]. Etenim aeternum Patris verbum pondus non habet, et tamen sua virtute caelum terramque portat: atque omnibus aeque iuxta est, nec tamen ab ullo potest appraehendi. Excellit enim et antecedit creaturas omnes: et quibus vult et ubi vult, se manifestat: atque illius levitate grave pondus humanitatis nostrae ultra omnes conscendit caelos, sedetque coronatum in Paterna dextera.

---

10. *Dominus* em vez de *Ele* (nl. 61).

11. *de seipso* adicionado.

12. *idem Dominus Iesus* em vez de *Ele* (nl. 62).

13. *de quo nobis hic sermo texitur* em vez de *da qual estou falando* (nl. 63).

14. *Quod autem — aeterno manebit* em vez de *e esse dom lhe pertencerá para sempre* (nl. 65).

15. *Calculus — est* em vez de *A última propriedade dessa pedra que eu queria mencionar é a sua especial leveza* (nl. 65).

Essa pedrinha também é tão pequena, que o homem quase não a sente, quando pisa nela. Por isso 60 é chamada *calculus* em latim, o que significa "seixo". Assim nos explica São Paulo, quando ele diz que o Filho de Deus se rebaixou e se tornou pequeno, e assumiu a forma de servo, 61 fazendo-se obediente até a morte de cruz [Fl 2,7-8]. Ele mesmo fala por voz do profeta: "Eu, porém, sou um verme e não um homem, zombaria da gente e desprezo do povo" 62 [Sl 22(21),7]. E Ele se tornou tão pequeno nessa vida, que os judeus pisam n'Ele, sem senti-lo. Pois, se O tivessem conhecido, não O teriam crucificado [1Cor 2,8]. E até agora Ele 63 é pequeno e desprezado nos corações de todos os homens que não O amam.

Essa pedrinha preciosa, da qual estou falando, é perfeitamente redonda e por todas as partes igual. A 64 redondez da pedrinha nos ensina que a verdade divina não tem começo nem fim. A regularidade dela nos ensina que ele deve julgar todas as coisas de maneira igual e dar a cada um 65 segundo seus méritos, e esse dom lhe pertencerá para sempre.

A última propriedade dessa pedra que eu queria mencionar é sua especial leveza. Porque o Verbo 66 eterno do Pai não tem peso, não obstante carregue céu e terra no Seu poder. Está igualmente perto de todas as coisas, mas ninguém pode assumi-l'O, porque Ele excede todas as 67 criaturas e tem prioridade sobre elas, e só Se revela a quem e quando quiser. Com sua leveza, a nossa humanidade pesada superou todos os céus e se senta, coroada, ao lado direito do Pai.

Iste[16] ergo calculus ille candidus est, qui homini contemplatori datur: et in ipso nomen novum scriptum est, quod nemo scit nisi qui accipit. Ubi sciendum est, spiritus omnes certa accipere nomina in sua ad Deum reversione, et privatim singulos pro meritorum suorum excellentia et dignitate, ac pro Amoris sui celsitudine: atqui primum innocentiae nomen, quod in baptismo nobis imponitur, Domini Iesu meritis exornatur. Hoc autem innocentiae nomen dum peccando amittimus, si tamen vel post peccata[17] Deo obtemperare velimus, idque praesertim in tribus eius actionibus, quas in nobis peracturus est, iam baptizamur denuo in Spiritusancto, et hic novum semperque nobis mansurum nomen accipimus.

¶ *De quibusdam quae Deus in cunctis eo se accommodantibus communiter operatur: et de sex peccantium generibus. Caput V.*

Sed iam liberas Dei actiones attendamus[18], quas is in cunctis eo se accommodare volentibus efficit ac operatur. Prima eius actio generalis in omnibus, haec est, quod cunctos ad suam unionem vocat et invitat. Huic autem vocationi quandiu peccator non satisfacit, etiam aliis omnibus Dei donis inde consecuturis careat necesse est.

Peccatores autem omnes in quinque partes distributos animadverti. Primae partis sunt omnes illi, qui bonas actiones seu bona opera negligunt, aut ea exercere non curant[19], quibus secundum corporis commoda et sensuum oblectamenta, in mundi negociis et occupationibus et cordis multiplici distractione vivere statutum est. Huius generis quotquot sunt, ad Dei suscipiendam gratiam inhabiles sunt: et quanvis eam suscepissent, servare tamen nequirent.

Alterius partis sunt, qui sponte scientesque in mortifera lapsi sunt peccata, et simul etiam bona agunt opera, et semper Deum metuunt ac verentur, et bonos diligunt, eorumque preces expetunt, ac in eis non

---

16. antes de *Iste* falta *Olha* (nl. 68).
17. *vel post peccata* adicionado.
18. *attendamus* em vez de *entende* (nl. 72).
19. *aut — curant* adicionado.

68 Olha, isso é a pedra brilhante que vai ser dada ao homem contemplativo, "na qual estará escrito um nome novo, que ninguém conhece, a não ser quem o recebe" [Ap 2,17]. Tens 69 de saber que todos os espíritos, no voltar para Deus, recebem nomes novos, especialmente cada um, no modo da excelência das suas obras e da dignidade do seu amor, exceto 70 o primeiro nome da inocência, que recebemos no batismo, porque esse nome se adorna com os méritos do nosso Senhor. E quando perdemos esse nome da inocência por causa do 71 pecado, e ainda queremos ser obedientes a Deus, especialmente em três obras que ele quer operar em nós, então vamos ser outra vez batizados no Espírito Santo. Aí, vamos receber um 72 nome novo, que fica conosco pela eternidade.

Agora entende o que são as obras soberanas do Senhor, que Ele opera em todas as pessoas que se dispõem em recebê-las. A primeira 73 obra que Deus opera habitualmente em todas as pessoas é que Ele chama e convida todas para Sua união. Enquanto o pecador não satisfaz a esse chamado, ele não vai receber os dons 74 que viriam depois.

Observei que todos os pecadores se dividem em cinco categorias. A primeira categoria é formada por todos os que desprezam as boas obras e que querem viver de acordo com 75 os prazeres do corpo e com o desejo dos sentidos, em ocupações profanas e em distrações do coração. Todos eles são incapazes de receber a graça de Deus e, se a tiverem recebida, 76 não conseguirão conservá-la.

A segunda categoria é formada por todos aqueles que voluntaria e conscientemente caíram em pecados mortais, mas não obstante fazem boas obras, 77 temem e reverenciam Deus, amam pessoas boas e

parum spei collocant: at tamen quandiu aversio et delectatio peccati, Dei amorem atque ad Deum conversionem vincit et excedit, semper Dei gratia indigni sunt.

Tertiae partis sunt homines a fide alieni sive infideles, aut qui circa ipsam fidem erroribus impliciti sunt. Qui quicquid agant bonorum operum, aut quaevis sectentur vivendi instituta, Deo sine vera fide placere non possunt. Etenim vera fides totius sanctimoniae et virtutum omnium fundamentum est.

Quartae partis sunt, qui absque ullo metu et pudore in mortiferis iacent peccatis, et neque Deum, neque illius gratiam curant: sed virtutes nihilipendunt, et vitam spiritalem pro hypocrisi aut impostura habent: et quicquid eis sive de Deo, sive de virtutibus dici queat, gravate audiunt: quippe qui prorsus sibi persuasum habent, neque Deum, neque infernum, neque caelum esse: quo fit, ut scire nolint, praeterquam quae in praesens sentiunt, aut quae eis ante oculos atque ora versantur. Hos omnes Deus abiecit, reprobavit, et habet contemptui: siquidem in Spiritumsanctum peccant, possunt tamen resipiscere, sed aegre admodum et raro id contingit.

Quintae partis hypocritae sunt et simulatores, qui externa quaedam bona actitant opera, non quidem ob honorem Dei, vel suae animae salutem, sed ut sanctitatis nomen seu opinionem obtineant, aut ob quaslibet res caducas et temporarias. Isti licet forinsecus boni et sancti videantur, intus tamen corrupti, fallaces et a Deo aversi sunt, divinae gratiae virtutumque omnium expertes.

Haec[20] nimirum quinque hominum peccatorum genera sunt, qui tamen omnes intro vocantur ad unionem Dei. Sed quandiu peccator aliquis vitiorum servituti foris sese mancipat, surdus et caecus manet, nec est habilis et aptus ad gustanda vel sentienda bona ea omnia, quae intra ipsum Deus posset operari. At vero ubi ad se redit, seque observat, si quidem tum vita sua improba ac mala ipsi displicet, iam appropinquat Deo: sed si vocationi ac invitationi divinae morem gerere velit,

---

20. antes de *Haec* falta *Olha, assim te citei* (nl. 86).

desejam as orações delas e confiam nessas. Porém, enquanto a aversão [de Deus] e o prazer nos pecados vencem e excedem o amor 78 e a conversão a Deus, eles são indignos da graça de Deus.

A terceira categoria de pecadores é formada por todos os homens incrédulos ou aqueles que erram na fé. Quaisquer sejam as boas 79 obras que eles operam ou quaisquer os modos de vida que eles seguem, eles não podem agradar a Deus sem fé, porque a fé verdadeira é a base de toda santidade e de todas as virtudes.

A quarta 80 categoria é formada por aqueles que são sem temor e ficam sem vergonha nos pecados mortais, não cuidam de Deus nem de virtudes, e acham toda vida espiritual uma hipocrisia ou ilusão. 81 E tudo o que se diz a elas sobre Deus ou as virtudes, eles nem querem ouvir, de jeito algum, porque pretendem que não existe nem Deus, nem o inferno, nem o reino dos céus. Por esse 82 motivo, eles não querem saber de nada que não seja o que sentem e o que está diante dos seus olhos. Veja, essas pessoas são desprezadas e reprovadas por Deus, porque elas pecam 83 contra o Espírito Santo. Eles, porém, podem arrepender-se, mas isso acontece difícil e raramente.

A quinta 84 categoria de pecadores formam as pessoas hipócritas, que fazem boas obras exteriormente, não pela glória de Deus, nem pela própria bem-aventurança, mas para obter a reputação 85 de santidade ou algumas coisas temporais. Ainda que pareçam bons e santos no exterior, por dentro são falsos e avessos de Deus, e lhes faltam a graça de Deus e todas as virtudes.

86 Olha, assim te citei as cinco categorias de pecadores que todos são convidados à união com Deus. Mas enquanto esses pecadores se entregarem à servidão dos pecados, ficarão surdos 87 e cegos, e incapazes de saborear ou sentir todo o bem que Deus quer operar neles. Mas quando o pecador volta para si mesmo e se observa, à condição que sua vida de pecados lhe desagrade, ele pode se aproximar de Deus. Se ele, porém, for obediente ao chamado e ao convite 88 de Deus, precisará

libere secum statuat oportet peccatis valefacere, et agere poenitentiam: atque hoc ipso divinae fit concors et consentiens voluntati, Deique gratiam adipiscitur.

Principio igitur omnes ita Deum considerare debemus, quod ex liberrima bonitate sua cunctos indiscriminatim mortales tam improbos quam bonos, nemine excluso, ad suam unionem vocet et invitet. Secundo, de divina sentiemus bonitate, cum gratia emanare eam in omnes illos, qui vocationi Dei obtemperent. Tertio, dilucide in nobis experiemur ac intelligemus, unam nos vitam, unumque cum Deo spiritum effici posse, si nobisipsis modis omnibus renunciemus, nosque abnegemus, et Dei gratiam in summum illud usque, quo ipsa nos ductura est, subsequamur. Dei nanque gratia in singulis quibusque hominibus pro cuiusque captus sive capacitatis modo ac mensura ordinate operatur. Itaque per communem eandemque internam divinae gratiae operationem peccator quilibet sapientiam et vires accipit, quibus fretus, et peccata deserere, et ad virtutes se transferre queat, modo velit. Porro per occultam divinae gratiae cooperationem bonus quisque cuncta debellare ac profligare vitia, tentationibus quibuscunque fortiter se opponere, virtutes omnes perfecte exequi, et in suprema denique perfectione perstare potest, si eidem divinae gratiae in omnibus morigerum et obsequentem se praestet. Quicquid enim sumus, et quaecunque foris et intus accepimus, ea omnia liberrima Dei dona sunt, pro quibus gratias illi agere, quibusque ei servire nos oportet, modo illi placere velimus.

Multa autem Dei dona sunt, quae bonis occasionem praestant et adiutorium ad exercendas virtutes[21], puta bona valetudo, pulchritudo, sapientia, divitiae et honores mundi. Et haec infimi generis ac minimi precii sunt, quae communiter Deus utilitatis causa et amicis et hostibus suis, id est, bonis malisque largitur: et boni quidem ea ad honorem Dei, et amicorum eius usum conferunt et accommodant: mali vero inde suae carni, daemoni, et mundo serviunt ac obsequuntur.

---

21. *mas para os homens maus, ajuda e ocasião pelos pecados* (nl. 96) falta.

de se afastar, e de boa vontade, dos pecados e fazer penitência. Deste modo ele se tornará unânime com Deus e receberá a graça de Deus.

Por esse motivo, em primeiro 89 lugar, temos de observar que Deus, por Sua livre bondade, chama e convida sem distinção todas as pessoas à Sua união, quer sejam boas ou más, sem excluir alguém. Em segundo 90 lugar, devemos sentir a bondade de Deus como ela eflui com graça para todos os homens que são obedientes à vocação de Deus. Em terceiro lugar, devemos ter clareza em nós mesmos 91 e entender que podemos nos tornar uma só vida e um só espírito com Deus [1Cor 6,17], na condição de que renunciemos a nós mesmos e sigamos a graça de Deus até o ponto mais 92 alto que ela nos quiser mostrar. Pois a graça de Deus opera em cada um com ordem e segundo a medida e o modo em que o homem for capaz de recebê-la. Por isso, por meio da mesma 93 operação interna comum da graça de Deus, qualquer pecador recebe sabedoria e o poder para resistir ao pecado e voltar-se para a virtude, se desejar fazer assim. E porque a graça de 94 Deus opera nele em segredo, cada homem bom pode vencer todos os pecados, resistir a todas as tentações, aperfeiçoar todas as virtudes e perseverar na perfeição mais alta, se 95 obedecer em todas as coisas à graça de Deus. Porque tudo o que somos e tudo o que recebemos, no interior e no exterior, são dons livres de Deus, pelos quais devemos obrigações a 96 Ele e com os quais devemos servi-l'O, se quisermos agradar-Lhe.

Muitos são os dons de Deus, que aos homens bons dão ajuda e ocasião para as virtudes, mas aos homens maus, ajuda 97 e ocasião para os pecados, como sejam saúde, beleza e sabedoria, riqueza e honra mundana. Esses dons de Deus são do nível mais humilde e menos precioso, que Deus normalmente 98 dá em favor dos Seus amigos e inimigos, maus e bons. E com esses dons os bons servem Deus e Seus amigos, e os maus sua carne, o diabo e o mundo.

¶ *De differentia inter mercenarios et servos fideles. Caput VI.*

Advertendum est etiam, alios Dei suscipere dona tanquam mercenarios, alios ut servos fideles: atque hi plane inter se contrarii sunt in cunctis actionibus internis, puta in Amore, intentione, affectu, et omni internae vitae exercitatione.

Attendat hic lector[22]: Quicunque tam inordinato suiipsorum detinentur Amore, ut Deo servire nolint, nisi privati lucri sui aut propriae mercedis causa, isti omnes a Deo se disiungunt ac separant, seipsos minime liberos et in quadam proprietate retinent: quippe qui sese in cunctis suis actionibus spectant et pro scopo habent. Enimvero cunctis precibus et bonis actibus suis vel temporaria, vel aeterna aucupantur bona, quae sui duntaxat commodi et utilitatis gratia expetunt. Huius generis homines inordinati ad seipsos reflectuntur et afficiuntur: sicque fit, ut semper sibiipsis soli maneant. Deficit nanque eis vera charitas, quae eos tum Deo, tum omnibus amicis et charis eius coniungeret ac uniret. Et quanvis videantur legem servare ac praecepta Dei et Ecclesiae, charitatis tamen legem non observant: quandoquidem quicquid agunt, sola faciunt necessitate adacti, non Amore permoti, ne videlicet damnationis poena plectantur. Et quia intus Deo infideles sunt, eidem confidere non audent: sed tota eorum vita interna, perplexitas est et pavor et labor ac miseria. A dextris enim vitam contemplantur aeternam, et hanc amittere metuunt. A sinistris vero Tartareos, eosdemque nunquam finiendos adspiciunt cruciatus, et his se afficiendos verentur. Interim preces omnes, omnisque labor, et quicquid actitare possunt bonorum operum, ut hunc a se timorem expellant, parum eis proficiunt. Quanto enim sese inordinatius amant, eo magis inferni poenas metuunt. Ex quibus id potest colligi, inferni formidinem ex privato, quo sese prosequuntur amore, proficisci.

Sed dicat forsan aliquis: Propheta tamen David[23], itemque Sapiens aiunt, Initium sapientiae timorem Domini esse. Verum hoc de timore

---

22. *Attendat hic lector* em vez de *Agora presta atenção* (nl. 100).
23. *Sed — David* em vez de *Agora o profeta* (nl. 108).

Também[1] podes observar que 99 alguns recebem os dons de Deus como mercenários, e outros, como servos fiéis. Essas duas categorias são completamente opostas em todas as obras interiores, ou seja, em amor e 100 intenção, em afeto e todo exercício de vida interior.

Agora presta atenção: todas as pessoas que se amam de modo tão desordenado que querem servir Deus apenas por seu lucro 101 individual e seu salário próprio, afastam-se de Deus e não ficam livres, mas egocêntricos, porque buscam só a si mesmas e miram apenas a si mesmas, em todas as suas obras. 102 Portanto, com todas as suas orações e suas boas obras buscam bens temporais, ou bens eternos que só preferem para sua conveniência e benefício próprio. Essas pessoas relacionam-se 103 a si mesmas de modo desordenado e por isso ficam sozinhas consigo mesmas, porque lhes falta o amor verdadeiro, que poderia uni-las a Deus e a todos os Seus amados. Mesmo se 104 aparentemente observam a lei e os preceitos de Deus e da Santa Igreja, não observam a lei do amor. Porque tudo o que operam, fazem-no por necessidade e não por amor, só com 105 o fim de não serem condenadas. E porque interiormente são infiéis a Deus, eles não confiam em Deus, e por isso toda a vida interior deles é dúvida e temor, trabalho e miséria. 106 Porque, ao lado direito veem a vida eterna, que temem perder; ao lado esquerdo veem as dores eternas do inferno, que temem ganhar. Todas as suas orações, todos os seus trabalhos e 107 todas as suas obras que operam para superar esse medo, servem para nada. Porque quanto mais se amam de modo desordenado, mais temem o inferno. Assim podes observar que 108 o temor infernal nasce do amor próprio.

Agora o profeta[2] e o Livro de Sabedoria dizem: "Princípio da sabedoria é o temor do Senhor" [Sl 111(110),10; Pr 9,10; Sr 1,14]. 109 Mas

---

1. Daqui até "Mas ainda quero saber como tornamo-nos filhos ocultos e obtemos uma vida contemplativa." (nl. 176), cf.: Bernardo de Claraval, *De diligendo Deo*, XII, 34, Sancti Bernardi Opera, v. III, p. 148, lin. 18; p. 149, lin. 12.

2. Na Idade Média, o salmista Davi era considerado um profeta.

illo dictum est, qui a dextris exercetur: quo quis metuit aeternam amittere beatitudinem. Hic nanque timor ex naturali omnibus insita propensione trahit originem, qua nemo est qui non appetat esse beatus, id est, contemplari Deum. Ideoque licet infidelis quispiam sit Deo, si tamen intus se exploret ac observet, ex seipso affici se sentiet beatitudini, quae Deus est. Et hanc beatitudinem ne amittat, veretur, eo quod plus sese quam Deum diligat, ipsamque beatitudinem nulli non desiderabilem, sua duntaxat causa (id est, propter seipsum) amet. Quae causa est, cur Deo fidere non ausit. Et tamen hic timor Domini dicitur, qui est initium sapientiae, et lex servorum Dei infidelium. Cogit enim hominem abstinere a peccatis, virtutes concupiscere, et bona opera actitare: quibus omnibus foris praeparatur ad percipiendam Dei gratiam, et ut transeat in servum fidelem. Qua autem hora ex divinae gratiae adiutorio proprietatem potest calcare ac superare suam, id est, ut a seipso tam sit liber et expeditus, ut de rebus omnibus sibi necessariis Deo confidere ausit, hoc ipso intantum placet Deo, ut is suam ei infundat gratiam: atque per hanc veram in se sentit charitatem, omnem diffidentiam ac formidinem propulsantem, spemque et fidutiam in ipsum adducentem. Atque hoc pacto servus fit fidelis, Deumque in cunctis suis Actionibus spectat et amat. Et haec est fidelium ac infidelium servorum differentia.

¶ Ut inter se differant servi fideles et amici familiares. Caput VII.

Porro animadverti licet, non parum interesse inter servos fideles, et familiares ac secretos Dei amicos. Etenim fideles servi divina freti gratia et auxilio, Dei praecepta servare constituunt ac eligunt, videlicet obtemperare Deo et Sanctae Ecclesiae, idque in omnigenis virtutibus et bonis moribus. Et haec vita, externa seu actuosa vocatur. Sed secreti Dei amici, una cum praeceptis etiam vitalia Dei consilia amplectuntur, id est, intus amanter adhaerere Deo ad aeternum illius honorem, et ultro renunciare ac valefacere omnibus, quae extra Deum cum affectu, delectatione et amore possidere queant. Eiuscemodi amicos Deus intro accersit et invitat, internorumque exercitiorum differentiam sive discretionem, et perplures occultos vitae internae modos eos edocet.

isso diz respeito ao temor que se pratica ao lado direito, onde se teme perder a beatitude eterna. Porque esse temor traz sua origem numa inclinação natural do homem 110 para ser bem-aventurado, ou seja, contemplar Deus. Por isso, mesmo se esse homem for infiel a Deus, ao olhar para dentro de si, sentirá que está inclinado para a bem-aventurança, que é 111 Deus. É essa a bem-aventurança que ele teme perder, quando se ama a si mesmo mais do que a Deus e ama a bem-aventurança às avessas só por si mesmo, de tal maneira que 112 se torna infiel a Deus. Não obstante, isso se chama o temor do Senhor, que é princípio da sabedoria e uma lei dos servos de Deus infiéis. Porque ela obriga o homem à abstenção dos 113 pecados, ao desejo das virtudes e a operar boas obras. Essas coisas preparam a pessoa, desde o exterior, a receber a graça de Deus e tornar-se servo fiel. Desde o momento em que 114 consegue superar, com a ajuda de Deus, sua própria índole, isto é, quando está tão livre de si mesmo que pode confiar em Deus para tudo o que precisa, eis que com essas obras ela 115 agrada a Deus de tal maneira que Ele lhe dá Sua graça. E mediante essa graça, ela sente o amor verdadeiro, e esse amor expulsa a desconfiança e o temor, e faz que a pessoa tenha 116 confiança e esperança. Dessa maneira, ela se torna servo fiel e ama e mira Deus em todas as suas obras. Veja, isso é a diferença entre os servos fiéis e infiéis.

Podemos observar igualmente 117 a diferença enorme que existe entre os servos fiéis e os amigos secretos de Deus. Porque, por meio da graça e da ajuda de Deus, os servos fiéis optam por observar os mandamentos de 118 Deus, ou seja, ser fiéis a Deus e à Santa Igreja, e isso em todas as virtudes e todos os bons costumes, o que se chama uma vida exterior ou atuosa. Mas os amigos secretos de 119 Deus optam por observar, juntamente com os mandamentos, os conselhos evangélicos vivos de Deus, isto é, uma adesão interior e amorosa pela Sua honra eterna, renunciando, com 120 desejo e amor, voluntariamente, a tudo o que se possa possuir fora de Deus. Tais são os amigos que Deus chama e convida para dentro, e lhes ensina a discrição em exercícios interio-

Servos autem suos foras mittit, quo sint ipsi eiusque familiae cunctis in officiis sive ministeriis ac omnis generis externis bonis Actionibus fideles. Ita nimirum[24] Deus omnipotens gratiam opemque suam pro cuiusque aptitudine seu habilitate praestat, hoc est, quatenus unusquilibet Deo consentit et concordat, sive in externis bonis Actionibus, sive in interna Amoris exercitatione. Caeterum internis exercitiis vacare, sed nec sentire ea quis potest, nisi totum se intro recipiat ad Deum. Quandiu enim corde divisus est, foras respicit, et animo instabilis est, facileque rerum temporalium etiamnum in ipso viventium vel prosperis vel adversis casibus[25] permovetur. Et quanvis ad Dei praecepta vitam accommodet suam, intus tamen nunquam illustratur, nec edocetur unquam quid sit interna exercitatio, aut qua ratione illi vacare oporteat. Dum vero Deum se spectare, eiusque gratissimam voluntatem in cunctis Actibus suis ut possit exequi, desiderare se sentit, et compertum habet, hoc ipso contentus est. Siquidem in intentione minime fictum, et in ministerio suo fidelem se experitur. Atque ex his duobus placet sibi, putatque externa bona opera, recta cum intentione peracta, quibuslibet exercitiis internis sanctiora utilioraque esse. Etenim divina adiutus gratia, externum vivendi modum amplexus est, atque eamobrem externa potius discriminatim exercet opera, quam amore intimo eum amplexetur, cuius causa operatur. Quo fit, ut magis eum occupent operum ipsorum quae agit, imagines, quam Deus, cuius gratia ea facit. Atque ob hoc ipsum[26] externus manet, nec est aptus vel idoneus, qui Dei consiliis faciat satis, eo quod exercitatio eius potius externa, quam interna, magisque secundum sensus, quam spiritalis sit. Et licet fidelem se praestet Domini servum in officiis seu ministeriis externis, at tamen eorum quae secreti ac familiares[27] Dei amici sentiunt, rudis ac expers manet. Et haec causa est, quamobrem istiusmodi rudes ac externi ho-

---

24. *Ita nimirum* em vez de *Vejas, assim* (nl. 122).

25. *vel prosperis vel adversibus casibus* em vez de *com as tristezas e alegrias de coisas temporais* (nl. 124).

26. *Atque ob hoc ipsum* em vez de *Com essa oneração de imagens nas suas obras* (nl. 130).

27. *ac familiares* adicionado.

res 121 e em muitos modos ocultos da vida interior. Porém, Ele manda Seus servos para fora a fim de serem fiéis a Ele e a Sua família, em todos os serviços e em todas as maneiras de boas 122 obras. Veja, assim Deus dá Sua graça e ajuda, segundo a capacidade de cada um, isto é, o que está de acordo com toda maneira na qual o homem está em harmonia com Deus, em 123 boas obras exteriores ou exercícios interiores de amor. Mas ninguém pode praticar exercícios interiores, nem os sentir, a não ser que esteja totalmente voltado para dentro, para Deus. 124 Enquanto o homem está dividido no seu coração, ele olha para fora e fica instável no seu espírito, e facilmente se comove com as tristezas e alegrias de coisas temporais, porque 125 ainda vivem dentro dele. Mesmo quando ele observa os conselhos de Deus, interiormente ele fica na escuridão e sem entendimento acerca do que é um exercício interior e como 126 operá-lo. Mas, enquanto sabe e sente que seu espírito está se dedicando a Deus e deseja cumprir a Sua vontade querida em todas as obras, ele está contente com isso, porque 127 experimenta em si que está honesto em sua intenção e fiel em seu serviço. Com essas duas coisas, ele se agrada em si mesmo e pensa que as suas boas obras exteriores, executadas 128 com a intenção correta, são mais santas e úteis do que qualquer exercício interior. Porque, com a ajuda de Deus, escolheu um modo exterior de viver. Por isso, ele está mais ocupado 129 com várias obras externas do que com Aquele para Quem está trabalhando com amor interno. Por esse motivo, ele está mais ocupado com as obras que opera, do que com Deus, para 130 Quem trabalha. Com essa oneração de imagens nas suas obras, fica um homem exterior, incapaz de satisfazer os conselhos de Deus. Seus exercícios são mais exteriores do que 131 interiores, mais sensuais do que espirituais. Mesmo sendo um servo fiel do Senhor em serviços exteriores, o que sentem os amigos secretos lhe permanecerá escondido e desconhecido. 132 Essa é a causa por que

mines, eos qui internis dant operam exercitiis, nunquam non iudicent ac repraehendant: Putant enim eos ociosos agere.

Quod idem etiam Martham movit, ut sororem suam apud Dominum accusaret, tanquam quae nihil sibi ferret auxilii. Existimabat enim se quidem grande exercere ministerium, et rem facere utilissimam, sororem autem inaniter ocio desidiaeque vacare. Sed Dominus de utraque sententiam tulit: et Martham quidem repraehendit, non de ministerio, quod bonum ac frugiferum erat: sed ob cordis solicitudinem, quod erga plurima, id est, res externas anxia[28] turbaretur: Mariam autem de illius interna exercitatione commendavit, ita dicens: Unum est necessarium, Maria optimam partem elegit, quae non auferetur ab ea. Hoc unum omnibus necessarium, Dei amor est: Pars autem optima, vita interna est, et Deo amanter cohaerere. Et hanc partem Maria tum elegerat, atque etiamnum familiares et secreti Dei amici eligunt et amplectuntur. Martha vero minime fictam externam actuosam elegit vitam, quae est pars altera, in qua Deo quidem servitur, sed non perinde bona ac perfecta est, ut altera[29]. Et hanc eandem hodieque servi fideles Dei amore suscipiunt et amplectuntur.

At nunc quosdam invenire est homines prorsus amentes, qui sic vitae internae ac ocio sese dedere velint, ut nihil agere operis, nec proximis suis, licet in necessitate constitutis, inservire velint. Isti plane nec familiares Dei amici sunt, nec servi fideles, sed corrupti ac falsi penitus. Non enim potest divinis satisfacere consiliis, qui eius praecepta contemnit. Non igitur isti secreti Dei amici sunt, quoniam exercitatio eo necessaria, prorsus eos latet. Et hactenus quidem de servorum fidelium, et secretorum Dei amicorum discrimine, dictum sit satis.

---

28. *anxia* em vez de *deprimida e triste* (nl. 134).
29. *ut altera* adicionado.

esses homens brutos e exteriores sempre julgam e reprovam o homem interior, porque pensam que ele é ocioso.

Foi esse o motivo pelo qual Marta reclamou da 133 sua irmã Maria junto ao Senhor, porque não a ajudava no serviço, pois que Marta pensava que fazia um serviço grande e útil, enquanto sua irmã ficava ociosa. Mas o Senhor deu Seu 134 parecer e julgamento sobre as duas, e repreendeu Marta, não por causa do serviço dela, que foi bom e útil, mas porque estava tão preocupada, deprimida e triste com diversas 135 coisas externas³. Ele louvou Maria por seus exercícios interiores, dizendo: "Uma só coisa é necessária, e Maria escolheu a melhor parte, que não lhe será tirada" [Lc 10,42]. Essa coisa 136 necessária para todos é o amor divino. A melhor parte é a vida interior, que adere a Deus por amor. Essa parte, Maria Madalena a escolheu, e essa preferem até agora os amigos secretos 137 do Senhor. Marta escolheu uma vida externa, ativa e honesta. Isso é a outra parte com a qual se serve Deus, que não é tão perfeita, nem tão boa, e essa escolhem os servos fiéis, pelo amor 138 de Deus.

Mas hoje em dia podes encontrar homens estúpidos, que querem estar tão voltados para o seu interior e dedicados a fazer nada, de modo que querem fazer obra nenhuma, nem 139 servir aos seus próximos necessitados. Veja, essas pessoas são nem amigos secretos, nem servos fiéis do Senhor, mas falsos e enganados. Porque não é possível satisfazer aos conselhos 140 de Deus, sem obedecer aos Seus mandamentos. Por esse motivo, os amigos secretos do Senhor são servos fiéis sempre que se revelar necessário. Mas os servos fiéis não são todos 141 amigos secretos, porque o exercício que isso exige lhes é ocultado. Isso é a diferença entre os amigos secretos e os servos fiéis de nosso Senhor.

---

3. *Repreendeu — externas*, veja Johannes Tauler, *Predigten*, 42, Divisiones ministracionum sunt, p. 178, lin. 23-24.

¶ *Quantum intersit inter secretos amicos, et occultos Dei filios. Caput VIII.*

Praeter haec autem occultior quaedam et interior invenitur differentia, idque inter familiares et secretos Dei amicos, et occultos eiusdem filios: licet utrique ante conspectum Dei cum exercitatione interna aeque sint erecti ac sublevati. Sed amici suam internam exercitationem cum proprietate quadam possident, dum ipsam amorosam ad Deum adhaesionem, tanquam optimum ac praecipuum et celsissimum quiddam, quo vel possint vel velint pertingere, eligunt et amplectuntur: unde accidit, ut per actiones suas in indepictam seu imaginum expertem nequeant penetrare nuditatem. Suiipsorum nanque et actuum suorum simulacris et imaginibus depicti sunt, atque hinc medium quoddam patiuntur. Et licet in amorosa sua cohaesione unionem cum Deo sentiant, in ipsa tamen unione inter Deum ac sese discrimen semper diversitatemque experiuntur. Non enim cognoscunt, sed neque amore prosequuntur simplicem excessum in nuditatem ac quiddam modinescium: sicque fit, ut altissima eorum vita interna, semper in ratione et modo versetur ac perseveret. Esto, virtutes omnes rationales perspicue intelligant ac discernant: atqui simplex patulae mentis in divina claritate intenta contemplatio, eis abdita manet. Quanvis etiam vehementi Amoris ardore ad Deum sese erectos experiantur, suiipsorum tamen quandam retinent proprietatem, nec in Amoris unitate penitus consumuntur et concremantur. Ac tametsi perpetim Deo servire, et in omne aevum placere statuant, non tamen omni spiritus proprietati in Deo volunt emori, neque consimilem ac conformem cum Deo vitam agere. Ad haec, licet quaevis externa solatia, omnemque externam quietem parvipendant, sed Dei dona, suas actiones internas, et consolationes ac suavitatem, quae intus percipiunt ac experiuntur, admodum magnifaciunt: atque ita in itinere requiescunt, neque conantur perfecte sibi moriendo, nudo ad modinescio Amore supremam obtinere victoriam. Denique tametsi omnem amorosam ad Deum adhaesionem, cunctaque interna sursum tendentia itinera, quae quidem ante Dei conspectum exerceri queant, distincte nosse atque colere seu exercitare possent: neutiquam tamen compertum habent modinescium excessum, et opulentam aberratio-

Encontra-se uma diferença ainda mais 142 interior e íntima, a saber, a diferença entre os amigos secretos e os filhos ocultos de Deus. Os dois grupos são igualmente elevados com exercícios interiores na presença de Deus, mas 143 os amigos possuem a vida interior com certa propriedade, porque apreciam a adesão amorosa a Deus como a coisa melhor e mais alta aonde podem ou querem chegar. E por isso não 144 podem realizar a si mesmos ou suas obras numa nudez de imagens, pois eles são imaginados e mediados consigo mesmos e com suas obras. Mesmo se eles sentem em si, nessa adesão 145 amorosa, uma união com Deus, não obstante encontram diferença e alteridade dentro dessa união entre eles e Deus. Porque eles nem conhecem, nem amam o egresso simples para 146 a nudez e sem modo. Por isso, suas vidas interiores altíssimas sempre ficam na razão e em vários modos. Não obstante entendam e distingam claramente todas as virtudes racionais, 147 a simples contemplação na claridade divina, com espírito aberto, lhes permanece oculta. Mesmo quando se sentem elevados até Deus com veemente ardor de amor, conservam a 148 propriedade de si mesmos e não são consumidos nem queimados totalmente na unidade do amor. Mesmo se querem sempre viver no serviço de Deus e agradar a Ele para sempre, 149 não querem morrer da propriedade do espírito em Deus, nem viver uma vida semelhante a Ele. Mesmo se estimam e acham pouco toda consolação e todo descanso que vem de fora, 150 estimam como grandes os dons de Deus e suas obras interiores, a consolação e suavidade que sentem dentro de si mesmos. Assim descansam no caminho, sem morrerem totalmente 151 para receber a suprema vitória num amor nu, sem modo. Mesmo se puderem praticar e conhecer distintamente toda adesão amorosa [a Deus] e todos os caminhos de ascensão 152 interior que podem ser praticados na presença de Deus, lhes ficará escondida, porém, a transição sem modo e o opulento perder-se

nem sive deviationem in Amore superessentiali, cuius nullum unquam neque terminum, neque initium, neque modum reperire licet. Ex his igitur facile potest perspici[30], permultum interesse inter secretos Dei amicos, et occultos filios Dei. Siquidem amici nihil in se sentiunt, praeter amorosum ac vividum asscensum cum modo coniunctum: sed ultra hunc, filii simplicem quendam ac emorientem sentiunt excessum in id quod modinescium est. Vita quoque interna amicorum Dei, sursum tendens est Amoris exercitatio, in qua semper perseverare cum proprietate constituunt: ut vero supra cuncta exercitia nudo Amore Deus in ocio quodam possideatur, id minime exploratum habent: semper autem in vera fide asscendunt ad Deum. Deumque et aeternam beatitudinem vera spe praestolantur, et perfecta denique charitate in Deo fixi sunt, eidemque cohaerent. Atque eamobrem felices sane sunt[31], et bene cum eis agitur. Placent nanque Deo, et ipsis vicissim Deus placet.

Neque tamen vitam aeternam se adepturos certi sunt: quippe qui necdum omnino sibiipsis et omni proprietati emortui sunt. Quotquot autem in sua exercitatione, et ea, quam elegerunt, ad Deum conversione in finem usque perseverant, ii omnes ab aeterno a Deo electi sunt, eorumque nomina et Actus ab omni aeternitate in vitali divinae praedestinationis libro conscripta fuere. Porro qui alia amplectuntur, et vultu interno a Deo averso, sese ad illi contraria (id est, peccata) convertunt, in eisque permanent, illorum etiamsi nomina ob temporariam sive momentaneam iustitiam, quam antea coluerint, scripta forent et cognita a Deo, quando tamen ad mortem usque constanter non perseverant, eadem ipsa eorum nomina rursus ex vitae libro delentur ac eraduntur, nec unquam sive Deum, sive fructum aliquem ex virtutibus nascentem gustare poterunt. Quapropter nobis omnibus id necessario incumbit, uti nosipsos serio observemus, nostrique ad Deum conversionem intus quidem amore intimo, foris autem bonis Actibus exornemus: atque ita iudicium Dei et Adventum Domini nostri Iesu spe bona et cum gaudio expectabimus. At vero si nobisipsis et omni proprietati in Actionibus

---

30. *Ex — perspici* em vez de *Por isso* (nl. 153).
31. *felices sane sunt* adicionado.

no amor supraessencial, onde nunca se pode encontrar 153 início nem fim, razão nem modo. Por isso existe uma grande diferença entre os amigos secretos e os filhos escondidos de Deus. Porque os amigos não sentem em si mesmos outra coisa 154 do que uma subida amorosa e viva, dentro de certos modos; os filhos, porém, sentem, além disso, uma transição simples e de morrer, sem modo algum. A vida interior dos amigos 155 de Deus é um exercício de amor subindo ao alto, no qual sempre ficam com propriedade. Mas visto que se possui Deus, além de todos os exercícios, com um amor nu e em ócio, não 156 sentem isso. No entanto, estão sempre subindo até Deus com uma verdadeira fé e aguardam Deus e sua beatitude eterna com uma verdadeira esperança. E eles aderem a 157 Deus e estão fixados n'Ele mediante uma perfeita caridade. Por esse motivo, tudo corre bem para eles, porque agradam a Deus e Deus a eles.

Não obstante, eles não estão seguros da 158 vida eterna, porque ainda não morreram totalmente em Deus de si mesmos e de toda propriedade. Mas todos os que ficarem e perseverarem nos seus exercícios e nesse voltar-se 159 para Deus que escolheram, a estes, Deus já escolheu em toda a eternidade. Seus nomes estão escritos, junto com suas obras, para sempre no livro vivo da divina Providência. Mas 160 os que preferem outras coisas e desviam de Deus o olhar interior para coisas contrárias e para os pecados, e neles permanecem, mesmo se os seus nomes tenham sido escritos e 161 conhecidos por Deus por causa da justiça temporária, os nomes deles serão eliminados e erradicados do livro da vida, porque não perseveraram até o fim. Nunca mais 162 poderão saborear Deus ou fruto qualquer que nasça das virtudes. Por isso é necessário para todos nós, que observemos a nós mesmos com sinceridade e adornemos o nosso voltar-nos 163 para Deus interiormente com amor carinhoso e, exteriormente, com boas obras. Assim podemos aguardar em esperança e alegria o julgamento de Deus e a vinda de nosso Senhor 164 Jesus Cristo. Se pudéssemos renunciar a

nostris renunciare poterimus, iam nudo ac imaginibus vacuo Spiritu cuncta transcendemus et excedemus, atque in ea nuditate sine medio agemur a Dei Spiritu, simulque quandam sentiemus certitudinem, perfectos nos esse filios Dei. Qui enim aguntur a Spiritu Dei, ut Apostolus[32] ait, ii filii sunt Dei.

Interim pro certo habendum est[33], bonos omnes Christifideles, Dei filios esse: quandoquidem ex Dei Spiritu cuncti nascuntur, et Dei Spiritus vivit in eis, singulos quosque speciatim pro cuiusque aptitudine seu habilitate movens, atque agens sive incitans ad virtutes et bonas Actiones, in quibus Deo placeant. Verum ob conversionis et exercitationis inaequalitatem ac diversitatem alios servos fideles, alios secretos et familiares amicos, alios denique occultos filios appellare placuit[34]: cum tamen boni omnes et servi et amici et filii sint, eo quod omnes uni serviant Deo, et unum eundemque Deum intentione ac Amore prosequantur, vivantque et operentur ex liberrimo Dei spiritu, atque ipse Deus tolerat[35] in amicis suis quaecunque agunt vel omittunt, modo ne sint contra praecepta sua. Qui autem ad illius servanda consilia se adstrinxerunt, ipsa obligatio eis praecepti loco est. Nemo igitur Deo immorigerus, aut contrarius censendus est[36], nisi qui illius praecepta non servat. Ea nanque omnia quae in scripturis divinis vel per sanctam Ecclesiam, vel in conscientia nostra Deus aut iubet, aut vetat, nobis sane facienda vel omittenda sunt: nam alias non sumus obedientes, et Dei gratiam amittimus. Dum vero in veniales labimur culpas, id utique tolerat Deus et ratio nostra, eo quod eas ex toto vitare nequeamus. Atque hac ex causa eiuscemodi culpae vel defectus non nos efficiunt immorigeros vel inobedientes: siquidem nec Dei gratiam, nec internam nostram expellunt pacem. Quanquam nihilominus culpas tales, quantumvis minutas, accusare ac deplorare, et totis viribus cavere debemus.

---

32. *São Paulo* (nl. 165) falta.
33. *pro certo habendum est* em vez de *deves saber* (nl. 166).
34. *apellare placuit* em vez de *eu chamo* (nl. 168).
35. *e permite* (nl. 169) falta.
36. *censendus est* adicionado.

nós mesmos e a toda propriedade em nossas obras, seria possível que com nosso espírito nu e livre de imagens transcendêssemos todas as 165 coisas. Nessa nudez seríamos operados, sem modo, pelo Espírito de Deus, e aí sentiríamos que somos filhos perfeitos de Deus. Como diz o Apóstolo São Paulo: "Todos aqueles que se 166 deixam conduzir pelo Espírito de Deus são filhos de Deus" [Rm 8,14].

Mesmo assim, deves saber que todos os homens bons e crentes são os filhos de Deus. Porque nascem do Espírito de Deus, e 167 o Espírito vive neles e move e impele cada um segundo sua capacidade para as virtudes e boas obras, com as quais agrada a Deus. Mas por causa da desigualdade do seu voltar-se 168 [para Deus] e dos seus exercícios, a uns eu chamo de servos fiéis, a outros de amigos secretos e a outros de filhos ocultos. Não obstante, eles são todos servos, amigos e filhos, porque 169 servem, amam e pretendem um só Deus e vivem e trabalham pelo Espírito livre [que vem] de Deus. Deus tolera e permite aos seus amigos de fazer ou deixar todas as coisas que não 170 sejam contrárias aos Seus mandamentos. Para todos os que estão vinculados ao conselho de Deus, esse vínculo é um mandamento. Por esse motivo, ninguém é desobediente ou 171 contrário a Deus, a não ser aquele que não obedece aos Seus mandamentos. Porque todas as coisas que Deus ordena e proíbe nas Escrituras Sagradas, ou na Santa Igreja, ou na 172 nossa consciência; todas essas coisas devemos deixar ou fazer, caso contrário, somos desobedientes e perdemos a graça de Deus. Mas como caímos diariamente em imperfeições, Deus 173 e nossa razão sofrem, porque não podemos totalmente evitá-los. Por essa causa, tal imperfeição não nos faz desobedientes, porque não exclui a graça de Deus, nem nossa 174 paz interior. Mesmo assim, temos que lamentar essas imperfeições, embora pequenas, e tentar, o mais possível, evitá-las. E com essas pala-

Atque hisce verbis iam explanandum est[37], quod ante in initio dixi, nempe unumquemlibet in omnibus Deo, sanctae Ecclesiae, ac propriae rationi necessario obedientem esse oportere. Nolo enim, quisquam ex meis dictis aliquod iniquum patiatur offendiculum. Sed iam de superioribus dictum sit satis[38].

❡ *Quo pacto filii occulti et veri contemplatores efficiamur. Caput IX.*

Atqui scire adhuc magnopere velim, quanam ratione filii occulti effici, et vitam contemplationi deditam possidere queamus. Quod cum ipse investigarem, iste mihi modus occurrit[39]: Quemadmodum superius dictum est, semper cunctis in virtutibus vivendum atque vigilandum nobis est, et supra virtutes omnes moriendum atque obdormiendum in Deo. Oportet, inquam[40], ut moriamur vitiis, et ex Deo in vitam virtutum studiosam nascamur: itemque ut nosipsos abnegemus, moriamurque in Deo in vitam aeternam.

Hinc porro ordine iam sequitur. Si quidem ex Dei spiritu nascamur, gratiae filii sumus, et omnis vita nostra virtutibus decoratur, vincimusque quaecunque Deo adversa sunt. Omne enim quod natum est ex Deo, ut sanctus Ioannes ait, vincit mundum. Et in hac quidem regeneratione[41] cuncti homines boni, Dei filii sunt, Deique spiritus singulos quosque speciatim ad eas virtutes bonasque actiones movet ac instigat, ad quas eos habiles, paratos et accommodatos novit. Et hac ratione omnes placent Deo, singuli quidem privatim pro sui amoris magnitudine, et exercitiorum suorum excellentia sive dignitate. Isti tamen necdum se confirmatos, nondum possidere se Deum, necdum de vita aeterna omnino certos se sentiunt: sed adhuc avertere sese, et in peccata mortifera[42] labi poterunt. Atque hac ex causa servos magis vel amicos, quam filios

---

37. *iam explanandum est* em vez de *te expliquei* (nl. 174).
38. *Sed — satis* em vez de *E com isso deixo tudo que foi dito* (nl. 176).
39. *Quod — occurrit* em vez de *Tenho observado o seguinte* (nl. 176-177).
40. *inquam* adicionado.
41. *regeneratione* em vez de *geração* (nl. 180).
42. *mortifera* adicionado.

vras te expliquei o que eu disse no início, 175 ou seja, que é necessário que cada homem deve ser obediente a Deus, à Santa Igreja e à sua própria razão, em todas as coisas, porque não quero que alguém fique ofendido pelas 176 minhas palavras. E com isso deixo tudo que foi dito.

"Mas ainda quero saber como nos podemos tornar filhos ocultos e obter uma vida contemplativa."[4] Tenho observado o 177 seguinte: devemos sempre viver e vigiar em todas as virtudes, como foi dito antes, e acima de todas as virtudes morrer e adormecer em Deus. Porque é preciso que morramos aos 178 vícios e nasçamos de Deus numa vida virtuosa, e nos abneguemos a nós mesmos e morramos em Deus numa vida eterna.

Por esse motivo, as coisas são ordenadas do modo 179 seguinte. Se nascermos do Espírito de Deus, então somos filhos da graça e toda nossa vida se adorna com virtudes, e assim vencemos todas as coisas que são contrárias a Deus. 180 "Pois todo o que foi gerado de Deus vence o mundo", diz São João [1Jo 5,4]. Nessa geração todos os homens bons são filhos de Deus. E o Espírito de Deus move e instiga cada 181 um especialmente àquelas virtudes e àquelas boas obras para as quais ele está pronto e capaz de as fazer. E desta maneira, todos agradam a Deus, cada um de acordo com a grandeza 182 do seu amor e com a nobreza dos seus exercícios. Porém, não se sentem firmes no possuir a Deus, nem certos da vida eterna, porque podem ainda afastar-se e cair nos pecados. Por 183 esse motivo, eu os chamo mais servos ou amigos do

---

4. Esta frase é muito provavelmente um vestígio da conversa original que Ruysbroeck teve com o eremita anônimo, o destinatário deste tratado. Por esse motivo, usamos aqui as aspas.

eos appellare placuit[43]. Ubi vero nosipsos excedimus, atque in nostro ad Deum asscensu intantum simplices reddimur, ut nudus amor in ea nos sublimitate queat circumplecti ubi supra cuncta virtutum exercitia, sibiipsi dat operam, hoc est, in ipsa nostra origine, unde spiritaliter nascimur, ibi iam deficimus sive transformamur, morimurque in Deo nobisipsis ac omni proprietati. Atque ita moriendo, occulti Dei filii efficimur, novam quandam in nobis reperientes vitam, eamque aeternam. De huiuscemodi filiis Apostolus[44] loquitur, ubi ait[45]: Mortui enim estis, et vita vestra abscondita est cum Christo in Deo.

Hic autem tali est ordine procedendum: In ipso ad Deum accessu nostro tum nosipsos, tum omnes actus nostros ceu aeternam Dei oblationem, ante nos feremus ad Deum: in ipsaque Dei praesentia et nos et omnes actus nostros relinquentes, in amore moriendo, creata omnia in ipsas usque superessentiales Dei divitias excedemus, atque inibi Deum in sempiterna nostri mortificatione possidebimus.

In[46] Apocalypsi sancti Ioannis[47], Spiritus Dei beatos dicit mortuos, qui hoc pacto in Domino moriuntur. Merito sane beatos vocat, quippe qui perpetuo feliciter manent mortui ac sibiipsis demersi in fruitivam Dei unitatem, semperque a novo in amore moriuntur per eiusdem unitatis intro trahentem transformationem. Atque in eodem libro de eisdem subditur[48]: Amodo iam dicit spiritus[49], ut requiescant a laboribus suis. Opera enim illorum sequuntur illos. Eo quidem modo, ubi ex Deo nascimur in spiritalem virtuosamque vitam, opera nostra velut Dei sacrificium vel oblationem ante nos feremus. Atqui ubi modum omnem transcendimus[50], rursumque morimur in Deo in sempiternam ac beatam vitam, illic bona opera nostra nos sequuntur, utpote quae

---

43. *placuit* em vez de *eu os chamo* (nl. 183).
44. *Apostolus* em vez de *São Paulo* (nl. 186).
45. *ubi ait* adicionado.
46. antes de *In* falta *Por esse motivo* (nl. 188-189).
47. *Apocalypsi sancti Ioannis* em vez de *Livro das Coisas Escondidas* (nl. 189).
48. *Atque — subditur* adicionado.
49. *de Deus* (nl. 191) falta.
50. *Atque — transcendimus* em vez de *além de todo modo* (nl. 192).

que filhos. Se transcendermos a nós mesmos e virarmos tão simples na nossa subida para Deus que o amor nu possa nos abraçar 184 naquela sublimidade, onde, acima de todos os exercícios de virtudes o amor cuida de si mesmo, ou seja, na nossa origem, da qual nascemos espiritualmente, aí seremos transformados 185 e morreremos em Deus de nós mesmos e de toda propriedade. E nesse morrer, chegamos a ser filhos ocultos de Deus e encontramos dentro de nós uma vida nova, que é a vida eterna. 186 Desses filhos fala São Paulo: "Pois morrestes, e a vossa vida está escondida com Cristo em Deus" [Cl 3,3].

Agora, tenta compreender como tudo está ordenado. Quando nos aproximamos 187 de Deus é preciso que levemos a nós mesmos e nossas obras diante de nós, como uma oferenda eterna para Deus, e na presença de Deus deixamos a nós mesmos e todas as nossas 188 obras; e morrendo no amor vamos superar toda a criação, até chegar à riqueza supraessencial de Deus. Aí possuiremos Deus na mortificação eterna de nós mesmos. Por 189 esse motivo, o Espírito de Deus fala, no Livro das Coisas Escondidas, que aqueles mortos são bem-aventurados que morrem no Senhor [Ap 14,13]. Com razão, Ele os chama de 190 bem-aventurados, porque permanecem mortos eternamente e afundados de si mesmos na união fruitiva de Deus, e sempre estão morrendo de novo no amor, porque a mesma união 191 que traz para dentro os transforma e os leva até sua própria unidade.

"Sim, diz o Espírito de Deus, para que descansem de suas fadigas, pois suas obras os acompanham" [Ap 14,13]. No 192 modo em que nascemos de Deus numa vida espiritual e virtuosa, levamos em frente de nós as nossas obras como uma oferenda para Deus. Mas além de todo modo, onde morremos 193 de novo em Deus, numa vida eterna e bem-aventurada, aí as boas obras nos acompanham, porque consti-

nobiscum una vita sunt. In accessu quidem nostro cum virtutibus ad Deum, Deus in nobis manet ac commoratur: ubi vero nosipsos et omnia excedimus, nos in Deo manemus et commoramur. Quod si fide, spe et charitate praediti sumus, Deum utique suscepimus, isque in nobis cum gratia sua manet et commoratur: mittitque nos foras tanquam fideles servos suos ad sua exequenda ac observanda praecepta: rursusque intro nos vocat ceu secretos amicos suos, si tamen illius consiliis morem gerimus: simul etiam suos nos filios esse nobis reddit manifestum, modo vita nostra mundo contraria sit. Super omnia vero, si Deum gustare, aut aeternam vitam in nobis sentire vel experiri velimus, supra rationem viva fide nostra in Deum ut ingrediamur oportet, illicque simplices, ociosi, imaginibus vacui, atque per amorem in patentem mentis nostrae nuditatem sublevati manebimus. Dum enim per amorem excedimus omnia, omnemque considerationem[51] usque in caliginem ac ignorationem sive nescientiam quandam, ibidem verbo aeterno, quod est Dei Patris imago, agimur ac transformamur: atque in ipso spiritus nostri ocio incompraehensibilem suscipimus claritatem, circumplectentem nos ac penetrantem, perinde ut aër solis claritudine perfunditur ac penetratur. Isthaec autem claritas nihil est aliud, quam interminata seu infinita quaedam contemplatio sive intenta intuitio. Quod enim sumus, intente contemplamur: et quod contemplamur, hocipsum sumus: quandoquidem mens, vita, et essentia nostra simpliciter sublevata est, et ipsi, quae Deus est, veritati unita. Atque eamobrem in simplici hac intentaque contemplatione una vita, unusque cum Deo spiritus sumus. Et hanc ego vitam appello contemplativam. Dum enim per amorem Deo cohaeremus, partem optimam exercemus: Ubi vero hoc pacto superessentialem divinitatem intente contemplamur, ibi Deum ex toto possidemus.

Huic autem contemplationi exercitatio quaedam modi nescia semper connexa est atque cohaeret, quae est vita exinaniens sive deficiens. Ubi enim nosipsos eximus in caliginem et modi carentiam prorsus infinitam, inibi semper lucet radius simplex divinae claritatis, in

---

51. *e morrermos* (nl. 198) falta.

tuem uma só vida conosco. No nosso chegar até Deus com virtudes, Deus habita 194 em nós. Mas quando deixamos nos mesmos e todas as coisas, aí habitamos em Deus. Se tivermos fé, esperança e amor, então receberemos Deus, e Ele habita em nós com Sua graça. 195 Ele manda embora todos nós como servos fiéis para observar Seus mandamentos. E nos chama para dentro como os Seus amigos secretos, se obedecermos ao Seu conselho. 196 Com isso Ele manifesta claramente que somos os Seus filhos, se vivermos de modo contrário ao mundo. Mas além de tudo, para saborear Deus e sentir a vida eterna dentro de 197 nós, é preciso que entremos em Deus com nossa fé, acima da razão. Aí, devemos permanecer simples, ociosos e vazios de imagens, e elevados pelo amor até a nudez aberta do 198 nosso espírito. Quando superarmos em amor todas as coisas e morrermos de toda consideração, num não-saber e escuridão, seremos transformados e efetuados pela palavra eterna, 199 que é uma imagem do Pai. No ócio do nosso espírito recebemos a claridade insondável, que nos rodeia e penetra, como o céu que está penetrado pela claridade do sol. E essa 200 claridade não é outra coisa senão um olhar e contemplar sem fundo. O que nós somos, isso fitamos; o que fitamos, nós o somos. Porque nosso espírito, nossa vida e essência 201 estão simplesmente elevados até e unidos com a verdade que é Deus. Por esse motivo, nesse olhar simples somos uma vida e um espírito com Deus [1Cor 6,17], e isso eu chamo 202 uma vida contemplativa. Porque, se nos unirmos com Deus pelo amor, exercitaremos a melhor parte; mas se olharmos a essência supraessencial, possuiremos Deus totalmente.

Esse tipo 203 de contemplação está sempre ligado a um exercício sem modo, que é uma vida aniquilada. Porque, quando saímos de nós mesmos em escuridão e sem-modo, insondável, sempre 204 brilha um raio simples da claridade de Deus, na qual somos fundados e que nos

qua nos fundati sumus, extra nosipsos trahens nos in superessentialem Divinitatem et amoris submersionem, sive absorptionem cui semper adiuncta est, semperque subsequitur modi expers amoris exercitatio. Non enim potest esse ociosus amor: immo vero divitias immensas ac interminatas in ipsius fundo viventes, prorsus habere cognitas et exploratas, penitusque gustu penetrare molitur. Quae est fames inexplebilis ac insedabilis. Ita vero semper conniti atque contendere ac inhiare in id, quod tamen compraehendi non potest, quid aliud dixerim, quam contra fluminis natare tractum[52]? Et tamen nec deseri istud potest, nec appraehendi: eo carere est intolerabile, assequi impossibile[53]: denique nec silentio premi, nec verbis exprimi potest, siquidem rationem, intellectum et creata omnia excedit. Quapropter neque attingere, neque appraehendere vel assequi ipsum licet.

Verum intima nostra inspicientes, a Dei spiritu in hanc amoris impatientiam agi ac impelli nos sentiemus: itemque supra nos suspicientes, a Dei spiritu extra nosipsos trahi et quasi in nihilum redigi sive penitus consumi nos percipiemus in ipsum, hoc est, amorem superessentialem, cum quo unum sumus, quemque profundius ac latius, quam sint res omnes, possidemus.

Haec autem possessio simplex quidam et infinitus sive fundo carens totius boni vitaeque aeternae gustus est: in ipsoque gustu supra rationem et absque ratione in profundissimam semper immotae divinitatis tranquillitatem absorpti sumus. Quod quidem ita se habere, ut dicimus[54], non nisi sola potest nosse experientia. Nam quemadmodum, vel ubi, vel quidnam istud sit, neque ratio, neque exercitatio assequi potest. Quo fit, ut subsequens exercitatio nostra semper modi expers maneat. Etenim bonum illud immensum ac infinitum, quod gustamus et possidemus, neque compraehendere, neque intelligere, sed neque nostra exercitatione extra nosipsos in ipsum unquam pertingere valemus. Quamobrem in nobis quidem pauperes, in Deo locupletes: in

---

52. *Ita — tractum* em vez de *sempre receber no falhar, é nadar contra a corrente* (nl. 206).

53. *eo — assequi* adicionado.

54. *Quod — dicimus* em vez de *Que isso é absolutamente verdade* (nl. 211).

traz fora de nós mesmos, na essência supraessencial e na imersão do amor. E essa imersão está sempre 205 ligada a e seguido de um exercício de amor sem modo, porque o amor não pode ficar ocioso, mas quer entender e saborear a riqueza insondável que consta no seu fundo. Isso é uma 206 fome insaciada: é sempre receber em carência, é nadar contra a corrente. Não se pode deixá-lo, nem a ele aderir, nem ficar sem, nem o obter, nem calar nem falar sobre isso; porque 207 é acima da razão e do entendimento e se eleva acima de criatura. Por isso não se pode tocá-lo, nem contá-lo.

Porém, devemos olhar no nosso ser mais interior; aí sentimos 208 que o Espírito de Deus nos move, e nos acende nessa impaciência do amor. E mirando para cima de nós mesmos, sentimos que o Espírito de Deus nos tira de nós mesmos e nos 209 reduz a nada em Seu Si-mesmo, que é o amor supraessencial, com o qual estamos unidos e que possuímos com mais profundidade e amplidão do que qualquer outra coisa.

Essa posse é um 210 gosto simples e insondável de todo o bem e da vida eterna. E nesse gosto, estamos consumidos acima da razão e sem razão, na tranquilidade simplíssima da Divindade, que nunca se 211 move. Que isso é absolutamente verdade, podemos saber por experiência, e não de outra forma. Porque nem a razão, nem os exercícios podem alcançar como, ou quem, ou onde, 212 ou qual é. Por esse motivo, nosso exercício subsequente sempre permanece sem modo. Porque o bem insondável que saboreamos e possuímos, não podemos compreendê-lo nem 213 entendê-lo, nem podemos chegar até lá, de forma autônoma, com nossos exercícios. Por essa razão, somos pobres em nós mesmos, mas ricos em Deus; famintos e sequiosos 214 em nós mesmos,

nobis famelici ac sitibundi, in Deo ebrii ac saturi sumus: itemque in nobis semper agimus ac operamur, in Deo autem ociamur ab omnibus: sicque aeterno permanebimus. Enimvero absque amoris exercitatione nunquam Deum possidere poterimus. Quisquis secus sentit aut credit, falsus ac eversus est. Vivimus igitur toti sive omnino in Deo, ubi nostram possidemus beatitudinem: itemque toti sive omnino in nobis vivimus, ubi in amore erga Deum nos exercemus. Et quanvis totos in Deo, itemque in nobisipsis totos nos vivere dicamus, haec tamen non nisi una vita est. Plane autem contraria est et gemina secundum ea quae sentit vel experitur. Nam divitem esse et pauperem, famelicum et saturum, activum et ociosum, e diametro repugnant: et tamen in his, tam in futura quam praesenti vita, praecipua ac suprema nostra consistit excellentia et dignitas. Ut enim prorsus efficiamur Deus, creatumque esse nostrum amittamus, id plane impossibile est. Si vero omnino in nobisipsis permaneamus, separati a Deo, miseros ac infelices nos esse necessum est. Itaque ut dixi, et totos nos in Deo, et totos item in nobisipsis sentiemus. Inter hoc autem geminum sentire nihil invenimus medium, nisi Dei gratiam, et nostri amoris exercitationem. Siquidem ex supremo sentire sive sensione nostra, Dei claritas in nos lucens, veritatem nos edocet, atque ad virtutes omnes et perpetuum erga Deum amorem nos movet. Hanc autem claritatem absque cessatione in ipsum usque unde proficiscitur, fundum nos insequimur.

 Ibi vero nihil iam sentimus aliud, quam spiritus defectionem atque immersionem in simplicem atque infinitum amorem, idque sine ulla reditione sive reversione. Quod si simplici adspectu nostro semper illic permaneremus, hocipsum etiam iugiter sentiremus. Nostri enim in Dei transformationem immersio sive demersio, sine intermissione perpetuo perseverat. Porro si quidem nosipsos exivimus, Deumque in amorem submersi, sive in amoris submersione vel absorptione, id est, in nostriipsorum amissione possidemus, iam Deus proprie noster est, et nos illius proprii sumus: perpetuoque a nobisipsis sine reversione in ipsam, quae Deus est, proprietatem nostram demergimur. Et haec demersio essentialis est amore habituali: eoque perpetim

em Deus embriagados e satisfeitos; dentro de nós mesmos trabalhando, mas em Deus livres de todas as coisas. E assim devemos permanecer eternamente, porque 215 nunca poderemos possuir Deus sem exercícios de amor, e quem sente ou crê o contrário está enganado. Assim vivemos totalmente em Deus, onde possuímos a nossa bem-aventurança, 216 e também vivemos totalmente em nós mesmos, onde nos exercitamos no amor a Deus. Mesmo se vivermos totalmente em Deus e em nós mesmos, não será mais do que uma só 217 vida. Mas é contraria e dupla na experiência, porque pobre e rico, faminto e saciado, trabalhar e estar ocioso, essas coisas se opõem totalmente. Porém, nessas consiste nossa nobreza 218 sublime, agora e para sempre. Não podemos de modo algum nos tornar Deus e perder o nosso ser criado, porque isso é impossível. Se permanecermos totalmente em nós mesmos, 219 separados de Deus, seremos miseráveis e infelizes. Por isso, devemos nos sentir totalmente em Deus e em nós mesmos igualmente. Entre esses dois sentimentos, não encontramos outra 220 coisa senão a graça de Deus e o exercício do amor. Porque do nosso supremo sentir 221 brilha em nós a claridade de Deus, que nos ensina a verdade e nos move a todas as virtudes e ao amor eterno a Deus. Essa claridade, então, seguimos sem parar, até o próprio 222 fundo de onde ela procede.

Aí, não sentimos outra coisa que o esvaecer do nosso espírito e um afundar-se num amor simples e sem fundo, sem retorno. Mas, se 223 perseverarmos com um olhar simples, sentiremos o [amor] sempre. Porque a imersão na transformação de Deus persevera para sempre, sem parar, caso saiamos de nós mesmos e 224 possuamos Deus no afundar-nos no amor. Porque, se possuímos Deus na imersão do amor, ou seja, perdidos para nós mesmos, Deus é propriamente nosso e nós somos Seus, e nos 225 afundamos eternamente, sem retorno, de nós mesmos na nossa posse que é Deus. Esse afundar-se é essencial no amor habitual. E isso acontece se dormimos ou vigiamos, sabendo 226 ou não. Nesta maneira, o afundar-se não merece um novo grau de

perseverat[55] tam dormientibus, quam vigilantibus: tam nescientibus, quam scientibus nobis: atque hac ratione non meretur novum aliquem praemii gradum vel accessionem, sed tum in Dei, tum bonorum omnium, quae sumus adepti, possessione nos conservat. Potest nimirum demersio ista rivulis comparari, continenter ac sine reditione in mare ceu proprium locum suum fluitantibus. Ita enim dum solum Deum possidemus, etiam nostri essentialis cum amore habituali immersio, iugiter in infinitae ac interminatae abyssi quam in Deo[56] possidemus, quaeque nobis propria est, sensionem vel experimentum sine reversione promanat. Unde si nos perpetuo aequali integritate simpliciter intueremur, semper etiam aequaliter sentiremus. Excedit autem haec submersio virtutes omnes, cunctaque amoris exercitia, quandoquidem nihil ipsa aliud est, quam perpetua nostriipsorum egressio cum dilucido prospectu in quandam diversitatem, in quam extra nosipsos velut in ipsam beatitudinem propendemus sive inclinamur. Enimvero perpetuam quandam in quiddam a nobis diversum extra nosipsos inclinationem sive propensionem sentimus. Et hoc intimum atque abditissimum, quod inter Deum et nos sentire queamus, discrimen est: ultra quod nulla alia differentia sentitur. At nihilo minus ratio nostra apertis persistit oculis in caligine, id est, ignoratione quadam infinita ac interminata: et in ipsa hac caligine claritas immensa ac infinita, tecta et abdita nobis manet, eo quod superveniens eius immensitas rationem nostram occaecat: quadam autem nos simplicitate circumplectens, in seipsam nos transformat, atque ita et actione destituimur, et agimur a Deo ad ipsam usque amoris absorptionem, sive in amorem demersionem, ubi beatitudinem possidemus et unum cum Deo sumus.

Dum vero hac ratione Deo unimur, inde in nobis manet vivida quaedam scientia et actuosus amor. Siquidem absque nostra cognitione vel scitu Deum possidere nequimus: sicut nec uniri illi, neque in ea unione perseverare possumus absque amoris exercitatione. Si enim absque scitu nostro beati esse possemus, nihil obstaret, quo minus[57]

---

55. *eoque perpetim perseverat* em vez de *E isso acontece* (nl. 225).
56. *in Deo* adicionado.
57. *minus* adicionado.

amor, mas conserva a nossa posse de Deus e de todo o bem que conseguimos. Esse afundar-se pode ser comparado 227 aos rios, que sempre correm para o mar, sem parar e sem retorno, porque é o seu lugar próprio. Da mesma maneira, se possuirmos só Deus, então a nossa imersão essencial 228 com o amor habitual estará sempre correndo sem retorno num sentir insondável, que possuímos e que nos é próprio. Se sempre formos simples e olharmos com integridade igual, o 229 sentiremos sempre com intensidade igual. Esse afundar-se está acima de todas as virtudes e de todos os exercícios de amor, porque não é outra coisa que uma saída perpetua 230 de nós mesmos, com vista clara de uma alteridade na qual inclinamos nós mesmos, como numa bem-aventurança. Porque sentimos uma inclinação eterna para uma alteridade, diferente 231 de nós mesmos. E isso representa a diferença mais íntima e oculta que podemos sentir entre nós e Deus, pois nessa altura não tem mais diferença. Não obstante, a nossa razão persiste 232 na escuridão com os olhos abertos, ou seja, numa ignorância insondável. Nessa escuridão a claridade insondável permanece oculta e escondida para nós, porque a imensidade do 233 abismo cega nossa razão. Mas ela nos desdobra em simplicidade e nos transforma no que ela é. Assim, por Deus somos desligados de nós mesmos e transformados no afundar-nos 234 no amor, onde possuímos a bem-aventurança e somos um com Deus.

Quando somos assim unidos a Deus, perseveram em nós um conhecimento vivo e um amor atuoso. Porque sem 235 conhecimento não podemos possuir Deus e sem os exercícios do amor não podemos ser unidos com Deus, nem perseverar nessa união. Se formos bem-aventurados sem sabê-lo, 236 até uma rocha poderia ser bem-aventurada,

etiam lapis beatus effici posset, in quo nulla cognitio inest. Equidem si totius orbis monarcha essem, et id tamen ignorarem, quae inde ad me rediret utilitas? Semper igitur in omnem aeternitatem gustare ac possidere nos et sciemus et experiemur. Id quod etiam Christus ipse confirmat, ubi de nobis loquens, dicit Patri suo: Haec est autem vita aeterna, ut cognoscant te solum verum Deum, et quem misisti Iesum Christum: quibus ex verbis id licet animadverti, aeternam vitam nostram in Dei discreta cognitione consistere.

¶ *Quod licet unum simus cum Deo, tamen aeterno aliud ab ipso manebimus. Caput X.*

Et quanvis paulo ante dixerim, unum nos esse cum Deo, quod et scripta divina testantur: at nunc perspicue demonstrabo, aeterno nos aliud a Deo permanere oportere: quod itidem sacrae affirmant literae. Et si quidem recte nobiscum agi debeat, utrunque hoc ut in nobis sentiamus, atque ita esse intelligamus oportet. Aio igitur in interiori facie nostra ex Dei vultu sive suprema sensione nostra quandam radiare claritudinem, quae nos amoris virtutumque omnium docet ac instituit veritatem, maxime vero, ut Deum et nosipsos ratione quadruplici sentiamus.

Primo quidem Deum in nobis cum illius gratia sentimus: idque dum observamus, ociosi esse non possumus. Ut enim sol claritate et calore suo totum mundum illustrat[58], redditque foecundum: ita et Deus sua gratia omnes sibi obtemperare volentes illuminat, exhilarat, redditque foecundos ac frugiferos. Enimvero si Deum in nobis sentire velimus, ignisque amoris eius perenniter in nobis ardere debeat, oportet sane ut quatuor modis ignem hunc una cum ipso, id est, Deo ex libera voluntate struamus ac nutriamus. Oportet enim primo[59], ut intra nos igni huic per internae vitae studium[60] uniti maneamus: deinde, ut extra nos ad mortales omnes cum fidelitate ac fraterno amore progrediamur:

---

58. *alegra* (nl. 243) falta.
59. *primo* adicionado.
60. *per internae vitae studium* em vez de *com intimidade* (nl. 245).

porque não tem conhecimento. Se eu fosse o senhor do mundo, mas não tivesse conhecimento, que adiantaria? Por esse motivo, 237 devemos sempre saber e sentir-nos saboreando e possuindo. Isso o próprio Cristo testemunha, quando fala de nós diante do Pai, dizendo: "Ora, a vida eterna é esta: que conheçam a 238 Ti, o Deus único e verdadeiro, é Àquele que Tu enviaste, Jesus Cristo" [Jn 17,3]. Dessas palavras podes concluir que nossa vida eterna consiste no conhecimento com discernimento.

239 Acabei de dizer, porém, que somos um com Deus, e isso nos mostra a Sagrada Escritura. Mas agora, eu gostaria de mostrar que eternamente ficaremos outro que Deus, e isso 240 também mostra a Sagrada Escritura. E é preciso que entendamos e sintamos esses dois pontos em nós mesmos, se queremos viver de modo correto. Por esse motivo, digo assim: do rosto 241 de Deus ou do nosso sentimento mais alto, brilha uma claridade no nosso rosto interior, que nos ensina a verdade do amor e de todas as virtudes. Principalmente nessa claridade 242 somos instruídos de como sentir Deus e nós mesmos de quatro modos.

No primeiro modo, sentimos Deus em nós com Sua graça. Quando observamos isso, não podemos 243 ficar ociosos. Porque do mesmo jeito que o sol com sua claridade e seu calor ilustra, alegra e fecunda todo o mundo, assim Deus o faz com Sua graça: ilumina, alegra e fecunda todos 244 os homens que querem ser obedientes. Porque devemos sentir Deus dentro de nós, e se o fogo do Seu amor eternamente arder em nos, precisaremos, de livre vontade, ajudá-l'O 245 para o atiçar, de quatro maneiras. Precisamos permanecer dentro de nós unidos a esse fogo com intimidade; devemos sair de nós mesmos para todos os mortais com fidelidade e amor 246 fraterno; precisamos descer abaixo de

tertio[61], ut infra nos eamus ad agendam poenitentiam et omnigenos actus bonos, atque ad concertandum et reluctandum adversus inordinatas appetitiones nostras. Quarto[62], ut ignis huius flamma supra nosipsos cum devotione, laude, gratiarumactione ac in precibus internis asscendamus, Deoque recta cum intentione ac sensibili amore[63] adhaereamus. Isthaec quatuor id efficiunt, ut Deus in nobis cum gratia sua maneat ac commoretur: Siquidem in eis continentur ac includuntur exercitia omnia, quaecunque per rationem cum modo actitari queant, nec sine eis quisquam Deo placere potest. ille autem Deo gratissimus est et maxime placet, qui in his perfectissimus est. Atque eamobrem cunctis hominibus necessaria sunt, neque ea quisquam potest excedere nisi homines contemplatores. Primo igitur ut dixi[64], cuncti in nobis Deum sentimus cum gratia sua, si tamen illius esse velimus.

Secundo, si quidem vitam agimus contemplativam, in Deo nos vivere sentimus, atque ex hac vita, qua nos in Deo vivere sentimus, quaedam in interiori facie nostra relucet claritas, nostram illuminans rationem, atque inter Deum et nos mediam se interponens. Cumque in hac claritudine cum ratione nostra illuminata intra nos persistimus, iam quidem sentimus creatam vitam nostram, iugiter in vitam suam increatam sese demergentem. Atqui dum claritatem hanc simplici adspectu ac voluntaria nostri propensione sive inclinatione supra rationem in supremam usque vitam nostram insequimur, ibi iam toti in Deum transformamur[65]: sicque nos totos in Deo circumplexos sentimus.

Hinc porro tertia sequitur sensionis differentia, sive sentire tertium[66], quo nos unum cum Deo sentimus. Etenim per Dei transformationem in infinitam aeternae beatitudinis nostrae abyssum nos sentimus absorptos, ubi inter Deum et nos nulla unquam distinctio a nobis

---

61. *tertio* adicionado.
62. *Quarto* em vez de *finalmente* (nl. 246).
63. *sempre* (nl. 247) falta.
64. *ut dixi* adicionado.
65. *iam — transformamur* em vez de *recebemos a transformação de Deus na plenitude de nós mesmos* (nl. 253-254).
66. *sive sentire tertium* adicionado.

nós mesmos em penitências, em boas obras e no luto contra os apetites desordenados; devemos, finalmente, com a chama desse fogo, subir acima 247 de nós, com devoção, gratidão, louvor e preces interiores, e sempre nos ligando [a Deus] com uma reta intenção e um amor sensível. E com essas quatro maneiras Deus fica 248 morando em nós com Sua graça, porque as quatro contêm todos os exercícios que podemos de algum modo obrar com razão. Sem esses exercícios, ninguém pode agradar a Deus; 249 quem obra esses exercícios com perfeição está mais perto de Deus. Isso é necessário para todos os homens, e ninguém pode chegar mais alto, senão o homem contemplativo. Por esse 250 motivo, nesse primeiro modo todos nós sentimos Deus em nós com Sua graça, enquanto desejamos ser d'Ele.

No segundo modo, quando vivermos uma vida 251 contemplativa, sentiremos que vivemos em Deus. E dessa vida, com a qual nos sentimos vivendo em Deus, brilha uma claridade no nosso olhar interior que esclarece nossa 252 razão e medeia entre nós e Deus. Quando perseveramos dentro de nós, com nossa razão iluminada, sentimos que nossa vida criada está sempre se afundando na sua vida eterna. 253 Quando seguimos essa claridade acima da razão com um olhar simples e com uma inclinação voluntária para nossa vida suprema, aí recebemos a transformação de Deus na 254 plenitude de nós mesmos. Desse jeito, sentimo-nos totalmente abraçados em Deus.

Depois, segue o terceiro modo de sentir, ou seja, que nos sentimos um com Deus. Porque por meio 255 da transformação que recebemos de Deus nos sentimos absorvidos no abismo insondável da nossa beatitude, onde nunca mais podemos encontrar diferença entre nós

percipitur aut invenitur, eo quod hoc supremum nostrum sentire, sive suprema nostra sensio sit[67], quam non nisi per amoris absorptionem ac demersionem possidere valemus. Quando igitur in hoc supremum sentire nostrum trahimur, rapimur, ac sublevamur, omnes vires nostrae in essentiali fruitione ociosae sunt: non tamen rediguntur in nihilum: alioqui creatum esse nostrum amitteremus. Et quandiu quidem propenso sive inclinato spiritu et apertis oculis sine consideratione ociosi persistimus, tandiu contemplationi ac fruitioni vacare licet: eodem autem temporis puncto, quo explorare atque considerare molimur.

Quidnam sit hoc quod sentimus, ad rationem relabimur, tumque inter Deum et nos discrimen ac diversitatem, ipsumque Deum extra nos plane incompraehensibilem esse invenimus. Atque ipsa est quarta sensionis differentia, qua Deum et nos sentimus. Etenim hic in Dei praesentia nos adstare reperimus: eaque, quam ex Dei vultu suscipimus, nobis testatur veritas, Deum omnino atque ex toto nostrum velle esse, ipsumque exigere, ut nos vicissim toti sui simus: eodemque momento, quo Deum omnino nostrum velle esse sentimus, avida quaedam et inhians in nobis existit oriturque appetentia, eaque tam profunda, tam inanis, tam famelica, ut etiamsi Deus, quicquid praestare posset praeter seipsum, largiretur, nobis tamen minime possit sufficere. Dum enim sentimus, quod seipsum liberae appetentiae nostrae modis omnibus, quibus id desiderare queamus, gustandum praebuerit permiseritque atque etiam in vultus eius veritate perdiscimus perspicimusque totum id quod gustamus, illius quod nobis deficit ac reliquum manet, comparatione, vix guttulam unam esse ad universum mare, hocipso spiritus noster amoris aestu ac impatientia incitatur ac velut exagitatur. Quanto enim plus hinc gustamus, tanto etiam magis fames et appetitus augmentatur: quandoquidem unumquodque alterius causa est[68]. Itaque cogimur hinc inhiare incompraehensibili Deo. De illius nanque pascimur immensitate, quam absorbere nequimus: eiusque inhiamus infinitati, quam assequi non valemus: sicque fit, ut neque nos in Deum,

---

67. *sive — sit* adicionado.
68. *E isso — desejo* (nl. 264-265) falta.

e Deus. Isso é 256 nosso sentir supremo, que só podemos possuir no afundar-nos no amor. Então, quando somos elevados e atraídos para nosso sentir supremo, todas as nossas faculdades ficam 257 ociosas, num fruir essencial, mas não somos reduzidos a nada, porque assim perderíamos nosso ser criado. Enquanto perseveramos ociosos, com o espírito inclinado e com os olhos abertos 258 sem consideração, podemos contemplar e fruir.

Mas, no mesmo momento em que queremos saborear e considerar o que é que sentimos, voltamos outra vez à razão, e 259 então encontramos diferença e alteridade entre nós e Deus, e encontramos Deus além de nós, na incompreensibilidade. E isso representa o quarto modo no qual sentimos a Deus e a 260 nós. Porque aqui nos encontramos em frente da presença de Deus. Aquela verdade que recebemos do rosto de Deus mostra que Deus quer ser totalmente nosso e que nós queremos ser 261 totalmente Seus. E no mesmo momento no qual sentimos que Deus quer ser totalmente nosso, nasce de nós um desejo profundo e voraz, tão faminto, profundo e vazio, que, mesmo 262 se Deus desse tudo menos Si mesmo, nunca poderia nos saciar. Porque quando sentimos que Ele nos deu e concedeu Si mesmo ao nosso livre apetite, para que gostemos d'Ele. 263 de todas as maneiras que desejamos, e quando aprendemos, na verdade do Seu rosto, que tudo aquilo que nós saboreamos é nada, comparado com o que nos falta, como uma gota no meio 264 do mar, surge uma tempestade de amor ardente e impaciente em nosso espírito. Quanto mais gostamos disso, tanto mais aumentam desejo e fome, pois um é a causa do outro. E 265 isso aumenta demais nosso desejo. Porque nós nos alimentamos da Sua imensidade, que não podemos engolir, e recebemos na Sua infinidade, que não podemos atingir. Assim, não 266 podemos chegar até Deus, nem Deus até nós.

neque Deus in nos pervenire queat: siquidem amoris impatientia laborantes, nobisipsis renunciare nequimus. Tanta igitur aestus huius intemperantia est, ut amoris exercitatio inter nos et Deum velut caeli fulgura ultro citroque eat redeatque, nec tamen conflagrare possumus. In hac autem amoris tempestate vel impetu actiones nostrae ratione superiores modique expertes sunt, quando amor id appetit, quod ipsi impossibile est: et ratio testatur, amorem recte habere, nec tamen hic aut consilium illi praestare, aut eum prohibere potest. Nam quandiu interno fervore adspectamus Deum nobis proprium esse velle, eiusdem Dei benignitas ac pietas avidam ac inhiantem contingit appetentiam nostram, unde amoris nascitur impatientia. Enimvero foras emanans Dei contactus impatientiam ciet et concitat, vocatque nos intro[69], nempe ut aeternum amemus amorem. Contactus autem Dei intro trahens, nos e nobisipsis absumit, exigitque ut in unitatem colliquescamus, ac velut in nihilum redigamur. Sub hoc intro trahente attactu id Deum velle sentimus ut nos sui simus: atque in hoc nobisipsis abnegatis, eum ut nostram operetur salutem, sinere compellimur. Sub altero vero attactu, quo nos foras emanans contingit[70], nobisipsis nos relinquit, efficitque nos liberos, et in sua constituens praesentia, in spiritu orare et cum quadam libertate exigere sive postulare nos docet: ostenditque nobis incompraehensibiles divitias suas, idque tam variis sub formis, quam nosipsi imaginari vel excogitare queamus. Quicquid enim cogitatione complecti possumus, quod consolationem et gaudium praestare queat, id omne in ipso absque mensura invenimus. Ubi igitur sentimus cum omnibus hisce divitiis eum nostrum velle esse, semperque nobiscum permanere ac commorari, contra eas omnes sese vires animae nostrae inhianti ore aperiunt, maxime vero avida appetentia nostra. Hic nanque cuncti divinae pietatis, bonitatis et[71] gratiae rivi manant: quantoque hinc plus gustamus, tanto magis gustare libet: quanto autem amplius gustare libet, tanto profundius in Dei attactum contendimus ac inhiamus: quo autem profundius eius attactui inhiamus, eo dulcedinis eius

---

69. *intro* em vez de *ação* (nl. 270).
70. *quo — contingit* adicionado.
71. *pietatis, bonitatis et* adicionado.

Porque no desassossego do amor não podemos renunciar a nós mesmos. O calor é tão imoderado, que o exercício do amor entre Deus e 267 nós vem e vai como os raios no céu. Não obstante, não podemos arder. Nessa tempestade do amor nossas obras estão acima de razão e sem modo qualquer, porque o amor deseja o 268 que lhe é impossível. E a razão testemunha que o amor está certo, mas nesse caso, não pode dar-lhe conselho, nem proibição. Enquanto consideramos com fervor interior que Deus 269 quer ser nosso, então a generosidade de Deus toca nosso ávido desejo e daí nasce o desassossego do amor. Porque o toque de Deus que eflui para nós estimula nosso desassossego e 270 manda nossa ação, isto é, que amemos o amor eterno. Porém, o toque que nos traz para dentro consome até perder e pede que nos fundemos e pereçamos na unidade. E nesse toque 271 que traz para dentro, sentimos que Deus quer que nós sejamos Seus, porque lá devemos nos abnegar e deixar que Ele opere a nossa bem-aventurança. Mas com Seu toque que eflui 272 para nós, aí Ele nos deixa a nós mesmos, nos faz livres, nos coloca em frente do Seu rosto, nos ensina a rezar no espírito e pedir com liberdade, e nos mostra Sua riqueza incompreensível, 273 em todas as formas que podemos imaginar. Qualquer coisa concebível que contém consolação e alegria, a encontramos n'Ele, sem medida. Quando sentimos que Ele, com toda Sua 274 riqueza, quer ser nosso e quer morar conosco, todas as faculdades da alma se abrem e especialmente nosso ávido desejo, porque aí correm todos os rios da graça. Quanto mais O 275 saboreamos, tanto mais apetite temos. E com mais desejo de saborear, recebemos também mais profundamente Seu toque. Quanto mais profundamente recebemos o toque divino, 276 tanto mais Sua doçura

flumina nos copiosius pervadunt, penetrant, ac inundant. Quanto vero copiosius per nos permanant, nosque inundant, tanto melius sentimus et cognoscimus Dei dulcedinem prorsus incompraehensibilem, inexhaustam, ac infinitam esse. Hoc nimirum Propheta significare voluit, cum diceret: Gustate et videte, quoniam suavis est Dominus: non tamen dicit, quam suavis sit, sciens Dei suavitatem prorsus immensam esse: quo fit, ut eam neque compraehendere, neque absorbere queamus. Assentitur his etiam sponsa in canticis, ubi ait: Sub umbra illius quem desiderabam, sedi, et fructus illius dulcis gutturi meo.

¶ *De differentia inter claritatem patriae et supremam huius vitae claritudinem. Caput XI.*

Multum sane interest inter claritatem sanctorum in patria[72], et supremam illam claritudinem, ad quam in hac vita pertingere licet. Siquidem umbra Dei internam nostram illustrat solitudinem. In excelsis autem montibus terrae promissionis nulla existit umbra, et tamen unus idemque sol est, eademque claritas, qua et nostra solitudo, et sublimes illi montes illuminantur. Sed sanctorum status pellucidus est et gloriosus, ideoque claritatem hanc sine medio suscipiunt: noster vero status adhuc mortalis et crassus est, et hoc ipsum medium illud est, unde ea nascitur umbra, quae intantum nostram obumbrat intelligentiam, ut neque Deum, neque caelestia pari cum beatis perspicuitate cognoscere possimus. Donec enim in umbra versamur, solem in seipso conspicere non valemus: sed ut Apostolus ait, videmus nunc per speculum in aenigmate. At tamen umbra haec solis splendore usque adeo illustratur, ut virtutum omnium totiusque veritatis huic mortali conditioni vel statui nostro utilis ac frugiferae discrimina sive distinctiones[73] perdiscere queamus. Porro si cum solis claritate unum effici velimus, amorem ut insequamur, et extra nosipsos in id quod modinescium est, exeamus

---

72. *in patria* adicionado.
73. *ac — distinctiones* adicionado.

nos penetra e inunda. Quanto mais somos penetrados e inundados, tanto mais sentimos e entendemos que a doçura de Deus é insondável e sem fundo. Por 277 esse motivo, o profeta fala assim: "Provai e vede, pois o Senhor é doce" [Sl 34(33),9][5]. Mas ele não diz quão doce, porque sua doçura é sem limite, de modo que não podemos 278 entendê-la, nem engoli-la. Isso afirma também a esposa de Deus, no Cântico dos Cânticos: "À sombra de quem eu tanto desejara me sentei, e seu fruto é doce ao meu paladar" [Ct 2,3].

279 Tem[6] uma grande diferença entre a claridade dos santos e essa suprema claridade à qual podemos chegar nesta vida. Porque a sombra de Deus ilumina nosso deserto interior. Mas nos 280 montes altos na terra prometida não há sombra. Não obstante, é o mesmo sol e a mesma claridade que iluminam nosso deserto e também os montes altos. O estado dos santos, porém, é 281 lúcido e glorioso, e por esse motivo recebem essa claridade sem intermédio. Mas o nosso estado é ainda mortal e grosseiro, e isso é o intermédio que cria a sombra que tanto 282 assombra nosso entendimento, que não podemos conhecer nem Deus, nem as coisas celestes com tanta claridade como os santos podem. Enquanto caminhamos na sombra, não 283 podemos mirar o sol mesmo. "Nosso conhecimento fica em parábolas e em coisas escondidas", 284 como o diz São Paulo [1Cor 13,14]. Não obstante, a sombra é tão iluminada pelo resplendor do sol, que podemos apreender a distinção em todas as virtudes e toda a verdade 285 útil para nossa condição mortal. Mas se queremos ser unidos com a claridade do sol, é preciso que sigamos o amor e saiamos de nós mesmos, sem modo.

---

5. Ruysbroeck usa "doce" em vez de "bom". Mas "doce" se encontra igualmente na tradução neerlandesa medieval dos Salmos. Em português costuma-se traduzir "suave", no Salmo, mas isso não permitiria as demais associações do termo "doce".

6. *Tem — como os santos podem:* veja Gregorius Magnus, *Moralia in Iob*, lib. XXIX, cap. II, par. 2-4.

oportet: sicque caecis oculis in suam ipsius sol nos trahet claritudinem, ubi unitatem cum Deo obtinemus sive possidemus. Haec si in nobis sentimus, experimur ac intelligimus, ipsa nimirum est vita contemplativa, ad praesentis vitae nostrae statum pertinens.

Status quidem Iudaeorum sub veteri Testamento frigidus erat ac velut in nocte versabatur. Ut enim Esaias ait, ambulabant in tenebris, et sedebant in regione umbrae mortis, quam umbram efficiebat peccatum originale, cuius causa omnes Deo carere cogebantur. Noster vero Christianae religionis status, instar matutini temporis adhuc frigidulus est: siquidem dies nobis iam ortus est: Itaque in luce ambulare, et in Dei umbra sedere debemus: Inter Deum autem et nos media erit gratia illius, per quam vincemus omnia, cunctisque moriendo, impedimentis omnibus absoluti in Dei unitatem, ubi unum simus cum Deo[74], excedemus sive transcendemus. Denique status beatorum fervidus est et lucidus, quippe qui in meridie vivunt atque versantur, apertisque et illuminatis oculis solem in sua claritudine contemplantur. Permanavit enim eos atque inundavit gloria Dei. Et quatenus quisque illustratus est, eatenus etiam virtutum omnium ex cunctis beatis[75] spiritibus illic aggregatarum fructum gustat et perspicit. Quod autem Trinitatem in unitate, et unitatem in Trinitate gustant et cognoscunt, seque illi unitos inveniunt, is excellentissimus cibus est, qui superat omnia, eosque inebriat, et in seipso[76] quiescere facit.

Cuius desiderio flagrans anima, in Canticis ita ait ad Christum: Indica mihi quem diligit anima mea, ubi pascas, ubi cubes in meridie, id est, ut Divus Bernardus exponit, in lumine gloriae Dei. Nam quaecunque nobis pascua hic interim in aurora et umbra praebentur, non nisi praegustatio quaedam sunt futurorum pascuorum in meridie gloriae Dei. Et tamen gloriatur sponsa Domini, sedisse se sub umbra Dei, et fructum illius dulcem fuisse gutturi suo. Et nos cum sentimus intus nos tangi a Deo, iam fructum et cibum illius gustamus: siquidem tangere illius, pascere est. Tactus autem illius, ut ante dixi, aut intro trahit,

---

74. *ubi — Deo* adicionado.
75. *beatis* adicionado.
76. *seipso* em vez de *seu próprio ser* (nl. 293).

Estando com nossos olhos 286 cegos, o sol nos atrairá na sua claridade, onde temos unidade com Deus. Se sentimos e entendemos isso, temos uma vida contemplativa que pertence ao nosso estado de vida.

O estado dos 287 judeus no Antigo Testamento estava frio e como de noite. "[O povo] andava nas trevas, e sentavam nas sombras da morte", como diz o profeta Isaías [Is 9,1]. O pecado original causava 288 essa sombra e por isso todos careciam de Deus. Porém, nosso estado da fé cristã está ainda ameno na madrugada, porque já nasceu para nós o dia. Por esse motivo, temos que andar 289 na luz e sentar na sombra de Deus. Entre Deus e nós mediará a Sua graça. Por meio dela venceremos todas as coisas, morreremos de tudo e sem impedimentos nos 290 transformaremos na unidade com Deus. O estado dos santos, porém, é quente e claro, porque eles vivem e andam no pleno dia. Com olhos abertos e iluminados contemplam o sol 291 na sua claridade. Porque a glória de Deus os penetra e inunda. E cada um, depois que é iluminado, sente e conhece o fruto de todas as virtudes que estão recolhidas aí de todos os 292 espíritos, quando eles saboreiam e conhecem a Trindade em unidade e a unidade em Trindade e nisso se encontram unidos, isso é a comida mais excelente, que supera todas as coisas, 293 embriaga e faz que descansem naquilo que é o próprio ser da alma.

Isso desejava a noiva, quando ela disse a Cristo, no Livro do Amor: "Mostra-me, ó amor de minha alma, onde pastoreias, 294 onde repousas ao meio-dia" [Ct 1,7] — "isso é, na claridade da Sua glória", como comenta São Bernardo[7]. Porque toda comida que nos foi dada, na madrugada e na sombra, é só uma 295 amostra da comida futura, no pleno dia da glória de Deus. Não obstante, a noiva do Senhor se gloria porque se sentou debaixo da sombra de Deus e porque o Seu fruto é doce na garganta. 296 Quando sentirmos que Deus nos toca interiormente, então saborearemos Seu fruto e Sua comida, porque Seu toque é a comida. O Seu toque traz para dentro ou eflui para fora, 297 como eu disse

---

7. Bernardus, *Sermones super Cantica Canticorum*, XXXIII, S. Bernardi Opera, I, p. 237.17-238.21.

aut foris emanat. Dum nos intro trahit, totos nos illius esse oportet: atque inibi mori et contemplari discimus. Dum vero foras emanat, totus ipse noster vult esse, illicque docet nos virtutibus locupletem agere vitam. Sub illius tractu intro trahente omnes vires nostrae deficiunt, tumque sedemus sub umbra illius, et fructus eius dulcis est gutturi nostro. Fructus enim Dei, filius Dei est, quem Pater gignit in spiritu nostro: qui quidem tam infinite dulcis est gutturi nostro, ut eum absorbere et in nos mutare nequeamus, sed ipse potius[77] nos in se absorbet atque commutat.

Et quoties hic fructus intro trahendo nos contingit, semper deserimus ac vincimus omnia: vincendo autem manna gustamus absconditum, quod vitam nobis praestat aeternam. Etenim candidum illum, de quo supra dictum est[78], calculum accipimus, in quo nomen nostrum novum ante mundi originem scriptum est. Et hoc est nomen novum, quod nemo scit nisi qui accipit. Unusquilibet autem Deo se unitum sentiens, suum gustat nomen iuxta modum virtutum suarum, itemque accessus ac unionis suae. Atque eamobrem ut singuli quique suum obtinere nomen, idemque perenniter possidere possent, Agnus Dei (id est, Christi humanitas) morti se tradidit, librumque vitae nobis reservavit, in quo omnia electorum nomina inscripta sunt, nec eorum ullum deleri potest, eo quod unum sunt cum ipso libro vitae, qui est Dei filius: eademque mors Christi[79], libri huius signacula[80] solvit, ita ut virtutes omnes secundum aeternam Dei providentiam perficiantur et consummentur. Quatenus igitur unusquisque sese vincere atque omnibus emori potest, hactenus etiam intro trahentem Patris tractum sentit, dulcisque eius palato est insitus filii fructus: atque ex ipso gustu spiritussanctus ei reddit testimonium, filium ipsum[81] esse et haeredem Dei. In his autem tribus nemo alteri per omnia similis est. Habent igitur singuli sua speciatim

---

77. *potius* adicionado.
78. *dictum est* em vez de *eu disse* (nl. 297).
79. *Christi* em vez de *d'Ele* (nl. 305).
80. *nos* (nl. 305) falta.
81. *filium ipsum* adicionado.

antes. No trazer para dentro devemos ser todos Seus, aí aprendemos a morrer e a contemplar. Porém, no Seu efluir, Ele quer ser todo nosso e aí nos ensina como viver 298 na riqueza de virtudes. No Seu toque que traz para dentro, todas as nossas faculdades fracassam, e nos sentamos debaixo da Sua sombra e então Seu fruto é doce para nossa 299 garganta. Porque o fruto de Deus é o Filho de Deus, que o Pai dá à luz no nosso espírito. Esse fruto é tão imensamente doce para nossa garganta que não podemos consumi-lo, nem 300 o transformar em nós, mas ele nos consome e transforma em Si mesmo.

Todas as vezes que esse fruto nos toca, trazendo-nos para dentro, deixamos e vencemos todas as coisas. 301 Vencendo tudo, saboreamos o pão celeste escondido, que nos dá a vida eterna. Porque recebemos, como eu disse antes, uma pedra brilhante, na qual está escrita, antes do começo do 302 mundo, o nosso nome novo, que ninguém conhece, a não ser quem o recebe [Ap 2,17]. Qualquer pessoa que se sente unida com Deus saboreia seu nome, conforme suas virtudes, 303 seu acesso e sua união. Para que qualquer pessoa possa receber o seu nome e o possuir eternamente, o cordeiro de Deus, ou seja, a humanidade do Senhor, se entregou à morte e 304 nos abriu o Livro da Vida [Ap 5,1-9], no qual estão anotados todos os nomes dos eleitos. Nenhum nome pode ser apagado, porque são um só com o Livro Vivo, que é o Filho de 305 Deus. A mesma morte d'Ele nos rompeu os selos do Livro, para que todas as virtudes sejam cumpridas, segundo a eterna providência de Deus. Na medida em que cada pessoa 306 pode vencer-se e morrer a todas as coisas, sente o toque que o traz para dentro do Pai e então saboreia a doçura do fruto inato do Filho. Com este gosto o Espírito Santo lhe mostra que 307 é um herdeiro de Deus. Nesses três prontos, ninguém é totalmente igual ao outro. Por isso, cada um tem seu nome

nomina, eademque per novam gratiam, novosque virtutum actus semper renovantur: Quamobrem in nomine Iesu omne genu flectitur, quandoquidem ipse pro nobis decertavit ac vicit, ipse nostras illustravit tenebras, abstersitque caliginem[82], et virtutes omnes in supremo gradu perfecit: estque nomen illius exaltatum supra omne nomen, tanquam principis electorum omnium, et in eius nomine nos vocati et electi, gratiaque et virtutibus decorati sumus, et Dei gloriam praestolamur.

¶ *Uti Dominum Iesum in montem Tabor, id est, nudae mentis nostrae, insequi debeamus. Caput XII.*

Quapropter ut illius in nobis nomen exaltetur et clarificetur, sequamur eum ad montem nudae mentis nostrae, perinde ut Petrus et Ioannes et Iacobus eum in montem Tabor sequuti fuere. Tabor lucis accessionem quidam interpretantur[83]. Si ergo Petrus sumus veritatem cognoscendo, et Iacobus mundum supplantando ac superando, et Ioannes gratiae plenitudinem obtinendo, et virtutes in iustitia possidendo, iam Christus ducit nos in montem nudae mentis nostrae, in vastum quoddam sive desertum secretum, ostenditque sese nobis divina claritudine gloriosum: atque in eius nomine Pater caelestis vitalem aeternae sapientiae suae librum nobis aperit: et ipsa Dei sapientia nudum adspectum nostrum et spiritus nostri simplicitatem in simplici quodam ac modinescio totius boni gustu absque discrimine seu discretione circumplectitur. Siquidem in nostri in Deum exaltatione contemplari ac scire, gustare et sentire, vivere et existere, habere et esse, prorsus unum sunt: atque coram hac exaltatione omnes consistimus, singuli suo quodam modo peculiari vel singulari. Pater autem noster caelestis per sapientiam et bonitatem suam unumquemlibet specialibus afficit donis pro cuiuslibet vitae exercitiorumque dignitate et excellentia.

Unde si cum Domino Iesu in Tabor, id est, nudae mentis nostrae monte perpetuo permaneremus, semper novae lucis novaeque veritatis accessionem et incrementa sentiremus. Semper enim Patris audiremus

---

82. *abstersitque caliginem* adicionado.
83. *em língua vernácula* (nl. 311) falta, por razões óbvias.

específico, e seu nome é sempre renovado por meio de nova 308 graça e novas obras das virtudes. Por esse motivo, todo joelho se dobre para Jesus [Fl 2,10], porque Ele lutou para nós e venceu. Esclareceu nossa escuridão e levou à plenitude 309 todas as virtudes até o nível mais alto. O Seu Nome está acima de todo nome [Fl 2,9], porque Ele é Rei e Príncipe acima de todos os eleitos. Em Seu nome somos chamados, 310 escolhidos e ornados com graças e virtudes, aguardando a glória de Deus.

Para que Seu Nome seja exaltado e clarificado em nós, devemos segui-l'O até o monte de nosso espírito nu, como 311 fizeram Pedro, Jacó e João, seguindo-O no monte Tabor [veja Mt 17,1-6]. Tabor significa, em língua vernácula, algo como "aumento de luz". Se formos Pedro, conhecendo a 312 verdade, e Jacó, vencendo o mundo, e João, cheio de graça, possuindo as virtudes em justiça — então Jesus nos guiará ao monte do nosso espírito nu, a uma terra árida e escondida, 313 onde se mostra a nós glorificado, em claridade divina. Em Seu Nome, o Pai celestial abre o Livro Vivo da Sua Sapiência eterna. A Sapiência de Deus abraça nosso olhar nu junto 314 com a simplicidade do nosso espírito, num gosto de todo o bem, sem modo, simples, e sem diferença. Porque aí existem o contemplar e o conhecer, o saborear e o sentir, o ter e o 315 ser; todos são um na nossa exaltação em Deus. Permanecemos de pé em frente dessa exaltação, cada um à sua maneira. Nosso Pai celeste, por meio da Sua sabedoria e bondade, 316 comunica a cada um especificamente, segundo a nobreza da sua vida e dos seus exercícios.

Por isso, se permanecermos com Jesus no Tabor, isso é, no monte do nosso espírito 317 nu, sentiremos sempre o aumento de nova luz e de nova verdade, porque ouviremos sempre a voz do Pai, que nos

vocem, tangentem nos aut emanando per gratiam, aut intro trahendo in unitatem. Patris nanque vocem omnes Christi sectatores audiunt, atque de iis omnibus ipse dicit: Hi sunt filii mei dilecti, in quibus mihi bene complacuit: ex qua complacentia singuli gratiam accipiunt pro modo ac mensura, quibus eis placet Deus. Inter hanc autem mutuam inter Deum et nos complacentiam vera exercetur charitas, et quilibet suum gustat nomen, suumque officium et fructum exercitiorum suorum. Hic vero boni omnes illis qui mundo vivunt, absconditi sunt. Tales enim mundi amici coram Deo mortui sunt et nomine carent: ideoque quae ad viventes pertinent, neque sentire, neque gustare noverunt. Porro emanans Dei attactus, spiritu viventes nos efficit, repletque nos gratia, et rationem nostram illuminans, veritatem virtutumque discretionem perspicere atque cognoscere nos docet: tantaque virium nostrarum fortitudine in Dei praesentia nos retinet atque conservat, ut omnem gustum, omneque sentire, et cuncta in nos manantia Dei dona absque spiritus defectu sufferre queamus. Tactus autem Dei intro trahens, unum cum Deo ut simus, exigit, et ut spiritu deficientes, moriamur in beatitudine, id est, aeterna[84] charitate, Patrem Filiumque in una fruitione complectente. Ubi igitur cum Iesu in montem nudae seu indepictae puritatis nostrae conscendimus, si quidem eum tum simplici adspectu, intima complacentia, fruitiva propensione vel inclinatione sequamur, iam vehementissimum sanctispiritus sentimus ardorem, in ipsam usque Dei unitatem nos conflagrare et colliquescere facientem. Ubi enim unum existentes cum Filio Dei in nostrum principium amanter reflexi sumus, ibidem Patris audimus vocem intro trahendo nos contingentem. Dicit enim ipse omnibus suis electis in verbo suo aeterno: Hic est filius meus dilectus, in quo mihi bene complacuit. Ubi sciendum est, Patrem una cum Filio et Filium cum Patre, aeternam in hoc habuisse complacentiam, quod Filius nostram susciperet naturam, et in ea mortem pateretur, electosque omnes in suam reduceret originem sive principium. Itaque si per Filium in nostram sustollimur originem, vocem patris intro trahentem audimus, aeterna nos veritate

---

84. *aeterna* em vez de *único* (nl. 324) (em neerlandês medieval, os adjetivos "único" e "eterno" são muito semelhantes: "eneghe" e "eweghe", respetivamente).

tocará, efluindo com graça ou trazendo para dentro em unidade. 318 Todos os discípulos do nosso Senhor Jesus Cristo ouvem a voz do Pai, porque o Pai fala de todos, assim: "Estes são meus filhos, nos quais está o meu agrado" [veja Mt 17,5]. Desse 319 agrado, cada um recebe graça na medida e no modo que Deus lhe agrada. No agradar de Deus a nós e de nós a Deus se pratica a verdadeira caridade. Cada um saboreia seu nome, seu 320 encargo e o fruto dos seus exercícios. Aí, todos os homens bons estão escondidos àqueles que vivem no mundo e que estão mortos e sem nome diante de Deus. Por esse motivo, eles 321 não podem sentir, nem saborear as coisas que pertencem aos vivos. O toque de Deus que eflui nos faz vivos no espírito e nos enche de graça, ilumina nossa razão, nos ensina a 322 conhecer a verdade e a discrição das virtudes, e nos conserva na presença de Deus com tanta fortaleza, que podemos suportar, sem falência do nosso espírito, todo o gosto, todo o sentir e 323 todas as graças efluindo de Deus. Mas o toque de Deus que traz para dentro pede que sejamos um com Deus, que percamos nosso espírito e morramos em beatitude, isso é, no amor 324 único que abraça o Filho junto com o Pai em uma fruição. Então, se tivermos subido com o Nosso Senhor Jesus Cristo ao monte, onde todas as imagens cessam, se O seguirmos 325 com um olhar simples, com complacência íntima, com inclinação fruitiva, então sentiremos o calor veemente do Espírito Santo, que nos faz arder e fundir até a unidade de 326 Deus. Porque, quando somos um com o Filho de Deus, somos trazidos amorosamente até o nosso princípio, ouvimos a voz do Pai, que nos toca, trazendo para dentro. Ele diz a todos os 327 Seus eleitos, no Seu Verbo eterno: "Este é Meu filho, no qual está o Meu agrado" [Mt 17,5]. Porque deves saber que o Pai com o Filho, e o Filho com o Pai, conheceram um agrado 328 eterno no fato de que o Filho assumiu nossa humanidade e trouxe de volta para sua origem todos os eleitos. Assim elevados para nossa origem pelo Filho, ouviremos a voz do 329 Pai que nos traz para dentro

illustrantem. Ipsa autem veritas late patentem nobis demonstrat Dei complacentiam, omnis complacentiae initium et finem. Ibi vero omnes nostrae deficiunt vires, nosque proni cadentes in apertum adspectum nostrum, in amantissimo trinae unitatis amplexu cuncti unum efficimur. Et hanc quidem unitatem dum sentimus, iam una essentia, una vita, unaque cum Deo beatitudo sumus: ibique consummata sunt omnia ac renovantur. Enimvero ubi in amplissimo charitatis Dei complexu baptizamur, illic tam ingens, tamque singulare uniuscuiuslibet gaudium est, ut nullius alterius gaudium vel animadvertere vel meminisse queat: siquidem unum est cum amore fruitivo[85], qui in seipso est omnia, nec extra se quicquam requirere opus habet, immo nec potest.

¶ Ut sex quaedam ad fruendum Deo requirantur. Caput XIII.

Caeterum ut quis Deo perfruatur, eo tria requiruntur, nempe Vera pax, Internum silentium, et amorosa adhaesio.

Pacem autem veram inter Deum et se reperire volens, tantopere Deum amet necesse est, ut libero animo pro Dei honore, illis omnibus renunciare queat, quae inordinate colit, sive actitat vel exercet, aut amat, quaeque contra Dei honorem sive possidet, sive possidere queat. Hoc videlicet primum est, idemque cunctis hominibus necessarium.

Alterum, puta internum silentium, hoc est, ut ab eorum omnium, quae quis unquam viderit, vel audierit, simulacris et imaginibus liber sit et expeditus.

Tertium, quod amorosam esse adhaesionem diximus[86], ipsa fruitio est. Qui enim ex puro amore, non ob privatum aliquod commodum aut utilitatem suam, Deo cohaeret, is re vera Deo fruitur, sentitque se et amare Deum, et amari a Deo.

Praeter haec tamen tria quaedam alia sunt istis sublimiora, hominem stabilientia, aptumque et habilem reddentia ad fruendum semper Deo, eundemque sentiendum, quoties eo se applicare et accommodare velit.

---

85. *unum — fruitivo* em vez de *aí é amor fruitivo* (nl. 332).
86. *diximus* adicionado.

e nos ilumina com a Verdade eterna. A Verdade nos mostra o agrado aberto e amplo de Deus, o princípio e fim de todo agrado. Aí, falham todas as nossas 330 faculdades e caímos de cabeça na nossa visão aberta, e nos tornamos todos um, e um tudo [veja Mt 17,6], no abraço amoroso da Unidade Trina. Quando sentimos essa unidade, somos 331 um ser, uma vida e uma bem-aventurança com Deus, e aí são consumidas e renovadas todas as coisas. Porque, quando estamos sendo batizados no amplo abraço do amor de Deus, é 332 tão grande e singular o gozo de cada um, que não consegue notar ou pensar na alegria do outro. Porque aí é amor fruitivo, que em si mesmo é tudo e não precisa de nada, nem pode 333 pedir fora de si.

Para que o homem frua de Deus, são necessários três pontos: verdadeira paz, silêncio interior, adesão amorosa.

Quem quer encontrar a verdadeira paz entre si e Deus 334 deve amar Deus de tal maneira que possa, com um espírito livre e pela honra de Deus, renunciar a tudo o que ele faz ou ama de maneira desordenada, ou que possui ou poderia 335 possuir contra a honra de Deus. Isso representa o primeiro ponto, que é necessário para todos os homens.

O segundo ponto é um silêncio interior, ou seja, que o homem deve ser vazio 336 e livre das imagens de todas as coisas que já viu ou ouviu.

O terceiro ponto é uma adesão amorosa a Deus e também um fruir, pois quem adere a Deus com amor puro e não por alguma 337 conveniência particular frui Deus de verdade e sente que ama Deus e é amado por Ele.

Tem mais três pontos, que são ainda mais sublimes, que fazem o homem firme e hábil para sempre 338 fruir e sentir Deus, se ele quiser aplicar-se.

Primum horum est, quiescere in eo quo quis fruitur: quod est, ubi dilectus a dilecto vincitur, et in nudo essentiali amore possidetur, ubi plane dilectus in dilectum cum amore concidit ac prolapsus est, et quilibet alterius totus est possessione mutua et quiete.

Alterum est obdormire in Deo, quod fit, ubi spiritus sibiipsi excidit, sive a se deficit, nesciens quo, vel ubi, vel quonam modo.

Tertium, idemque postremum, quod quidem verbis exprimi queat, est ubi spiritus quandam contemplatur caliginem, in quam ratione pertingere non valet: ubi nimirum mortuum et amissum se sentit, unumque cum Deo sine differentia perceptibili[87]: atque hic Deus ipse illius pax, fruitio et quies est. Itaque prorsus infinitae profunditatis id est, in quo sibiipsi mori habet in beatitudine, rursumque in virtutibus revivisicere, dum amor, instinctusque amoris id imperat.

Ista sex quisquis in se experitur, idem ipse quaecunque a me ante dicta sunt, aut dici possent, sentit ac experitur: in eiusque introversione tam illi facile est atque promptum et paratum contemplationi fruitionique vacare, quam vitam vivere naturalem.

¶ *De vita communi ex contemplatione et fruitione proficiscente. Caput XIIII.*

Ex hac vero opulentia, vita communis proficiscitur, de qua dicturum me initio pollicitus sum. Itaque quem Deus ex hac celsitudine deorsum mittit in mundum, is veritate plenus est, et cunctis virtutibus locuples: nec quaerit quae sua sunt, sed eius duntaxat, a quo missus est, honorem: ideoque iustus est et verax in omnibus: estque praedivite, pio ac liberali praeditus fundo, qui cum sit in divitiis Dei fundatus, non potest non manare iugiter in omnes suae opis indigos. Vivus nanque sanctispiritus fons, qui nunquam obturari potest, eius divitiae sunt, ipseque vividum est ac voluntarium Dei instrumentum,

---

87. *perceptibili* adicionado.

O primeiro ponto consiste em descansar n'Aquele do qual se está fruindo, isso é, onde o amado é vencido pelo amado e o amado 339 é possuído pelo amado, num amor nu e essencial, aí está caindo o amor no amor e com amor, e cada um é totalmente do outro no possuir e descansar.

O segundo ponto se chama "adormecer em Deus", 340 o que acontece quando o espírito se afunda de si mesmo, nem sabendo aonde e como.

O último ponto que se pode explicar em palavras é que o espírito contempla uma escuridão 341 na qual não pode entrar com raciocínio, e nela se sente morto e perdido e um com Deus, sem diferença. Onde se sente um com Deus, aí Deus mesmo é sua paz, seu fruir e descansar. 342 Por isso, tudo aí é insondável, pois ele deve morrer a si mesmo na bem-aventurança e voltar a viver em virtudes, quando o amor manda e toca.

Vê, quando sentires em ti esses 343 seis pontos, então sentirás tudo o que eu te disse antes ou podia dizer. Na tua introversão, te será tão fácil e disponível a contemplação e a fruição como na tua vida natural. E dessa 344 riqueza nasce uma vida comum, da qual eu te prometi falar no início.

O homem que dessas alturas de Deus está sendo mandado para baixo, para o mundo, está cheio de verdade e rico 345 em todas as virtudes. Não busca a si mesmo, mas somente a honra de Quem o mandou. Por isso é justo e verdadeiro em todas as coisas. Tem um fundo rico e suave, que é fundido na 346 riqueza de Deus. Por esse motivo deve sempre efluir em todos os que precisam dele, porque a fonte viva do Espírito Santo é sua riqueza que nunca se pode esgotar. Ele é um instrumento 347 vivo e voluntário de Deus, com quem Deus obra o

quo Deus quicquid vult et utcunque vult operatur: atque hinc nihil ille sibi asscribit vel arrogat, sed Deo omnem concedit tribuitque honorem: sicque semper paratus manet ac voluntarius ad agendum quaecunque Deus iusserit, itemque robustus ac strenuus ad perferenda tolerandaque omnia, quae Deo permittente ipsi acciderint. Communem igitur vitam agit, quippe cui contemplari et agere aeque in promptu est, et in utroque perfectus est. Nemo autem communem hanc potest habere vitam, nisi sit contemplator: contemplari vero fruique Deo non potest, nisi sex ante commemoratis eo quo dixi, ordine praeditus sit. Falluntur ergo et toto errant caelo, qui se contemplatores idoneos arbitrantur[88], et simul quamlibet creaturam inordinate diligunt, colunt, ac possident: itemque qui se frui putant, antequam ab imaginibus sint absoluti: aut quiescere, priusquam fruantur. Necesse est enim, ut ad Deum conversi et adiuncti sive accommodati simus, idque patenti corde, tranquilla conscientia, et facie revelata ac nuda in syncera veritate, omni simulatione remota. Tum vero ibimus ac asscendemus de virtute in virtutem, Deumque contemplabimur ac Deo perfruemur, et quemadmodum ante dixi, unum cum illo efficiemur: id quod nobis omnibus idem ipse praestare dignetur[89].

---

88. *qui — arbitrantur* em vez de *que acham que podem contemplar* (nl. 350).
89. *Amém* (nl. 353) falta.

que e como Ele quer, se ele atribuir nada a si, mas der a Deus toda a honra. Por esse motivo, fica disposto e preparado para fazer 348 tudo o que Deus manda e forte e corajoso em tolerar o que Deus permite que lhe suceda. Por isso ele tem uma vida comum, porque está disposto a contemplar e obrar igualmente, 349 e em ambos está perfeito. Ninguém pode possuir essa vida comum, ao não ser que seja um homem contemplativo. E ninguém pode contemplar nem fruir Deus, a não ser que esses seis 350 pontos estejam ordenados nele, na mesma ordem que eu disse antes. Por isso, estão todos enganados aqueles que acham que podem contemplar e ao mesmo tempo amar, cultivar ou 351 possuir uma criatura desordenadamente, e que julgam fruir antes de estar livres de imagens ou descansar antes de fruir. É necessário, então, que nos acheguemos a Deus com um 352 coração aberto, uma consciência quieta, um rosto descoberto, numa verdade honesta e sem simulação alguma. Assim, prosseguiremos de virtude em virtude [Sl 84(83),8], 353 e contemplaremos Deus, O fruiremos e nos tornaremos um só com Ele, como eu te disse antes.

Que Deus conceda isso a todos nós e que Ele nos ajude. Amém.

4
João de Ruysbroeck:
As bodas espirituais, terceira parte

Introdução: ocasião e data

Não sabemos quando Ruysbroeck escreveu, exatamente, *As bodas*. Alguns pesquisadores afirmam que deve ter sido escrito antes de 1350, enquanto outras pesquisas argumentam que pode ter sido depois dessa data também. Qualquer que seja a data, é certo que *As bodas* conheceram um grande sucesso, como é mencionado pelo monge cartuxo Geraldo num texto escrito no terceiro quartel do século XIV. Ele enfatiza que o tratado foi escrito contra todo tipo de heresias que eram comuns no século XIV, e que Ruysbroeck o considerou um texto bom e seguro sobre o misticismo:

> Nessa época, havia uma grande necessidade de instruções sagradas e perfeitas na língua vernácula, devido a certas hipocrisias e doutrinas falsas que começavam a germinar. Dom João descreveu-as com clareza ao fim da segunda parte do livro *O ornamento das bodas espirituais* e mencionou-as frequentemente em outros livros seus. […] Acerca do segundo livro, *O ornamento das bodas espirituais*, Ruysbroeck disse que o considerava seguro e bom, e que foi divulgado até ao pé dos Alpes. (respectivamente: nl. 15-17, p. 48 neste livro e nl. 38-39, p. 50)

Na atualidade, o tratado é valorizado principalmente como uma descrição extensa e profunda da vida mística, e como um dos clássicos do campo, também em nível global. Como uma tradução completa do tratado estava além do escopo da presente publicação, oferecemos uma tradução do terceiro e último livro de *As bodas*. Estamos cientes de que *As bodas espirituais* foi traduzido recentemente, e até mesmo

integralmente, para o português (RUYSBROECK, 2013), porém, baseado numa tradução para o inglês do ano de 1916 (com introdução da reconhecida Evelyn Underhill), que por sua vez se baseou numa edição do século XIX do texto em neerlandês médio. Não negamos o valor dessa tradução em português, de maneira nenhuma, mas nossa intenção é diferente, ou seja, oferecer neste livro um texto fiel ao texto neerlandês médio, como foi publicado na edição acadêmica de 1988.

Como fizemos com os outros tratados, incluímos a tradução latina do cartuxo Surius. Ela é muito precisa neste terceiro livro das *Bodas*, mas às vezes Surius "amacia" a linguagem de Ruysbroeck, especialmente quando Ruysbroeck, aos olhos de Surius, não deixa suficientemente clara a diferença entre a alma humana e a essência divina na experiência mística. Isto tinha um precedente famoso, pois João Gerson (1363-1429) considerava herética a terceira parte das *Bodas*. O leitor encontrará essas interessantes variantes no aparato do texto latino.

Introdução ao conteúdo do tratado
As bodas espirituais
por Guido De Baere, SJ
(professor titular emérito da Universidade de Antuérpia, Bélgica)

Incorporação na tradição

O tratado *As bodas espirituais* cresceu a partir do gênio de Ruysbroeck e tem suas raízes profundas na tradição. O Mestre de Groenendaal mostra parentesco com o grande padre da igreja grega Orígenes (c. 185-253/254), que o autor conheceu através de Guilherme de St. Thierry (c. 1075-1148). Esse amigo de Bernardo de Claraval (1090-1153) foi abade da abadia beneditina de St.-Thierry, perto de Reims, e tornou-se cisterciense na abadia de Signy (Ardenas francesas). Ele é a principal fonte do ensinamento místico de Ruysbroeck, particularmente na área da Trindade e em sua visão do amor como conhecimento. Bernardo de Claraval é também uma autoridade regularmente consultada. Embora Ruysbroeck seja parco na menção de autores, o doutor "mellifluus" é mencionado três vezes. Fontes mais próximas no tempo e no espaço do "doctor admirabilis" também alimentaram seu trabalho. Passagens de *Sete maneiras de amor sagrado*, da cisterciense Beatriz de Nazaré (1200-1268)[1], e das *Canções*, *Cartas em poesia* e *Cartas em prosa*, da beguina Hadewijch, literata de meados do século XIII, podem ser encontradas na obra do autor místico. Ruysbroeck desenvolveu ainda mais a visão de Hadewijch sobre a vida mística como um balançar ao ritmo da atividade e do descanso na Trindade.

O que ensina *As bodas espirituais*?

As bodas espirituais é sem dúvida a obra mais conhecida, mais difundida e mais traduzida de João de Ruysbroeck. Ela fascina através

---

1. Recentemente traduzido para o português: BEATRIZ DE NAZARÉ, 2018.

da unidade e vastidão de seu conceito. Unidade: O tratado é construído sobre um versículo do Evangelho de Mateus: "Vê, o noivo vem! Saí ao seu encontro" (Mt 25,6). Esse verso está dividido em quatro unidades sintáticas: "Vê / o noivo vem / Saí / ao seu encontro"[2]. Essas quatro partes são aplicadas consecutivamente aos três níveis da vida mística: a vida operativa, a vida interior e a vida contemplativa. As três "vidas" são na verdade três formas de um amor por Deus cada vez mais profundo. Vastidão: Todo o crescimento da vida espiritual e mística é descrito a partir da conversão aos cumes mais elevados da contemplação. Em cada momento deste crescimento interior, ele também indica os riscos que a pessoa orante deve levar em conta, e os possíveis desvios. Ruysbroeck descreve tudo isso com uma caneta tão afiada quanto um bisturi.

A vida operativa ama ao se dedicar ativamente ao Amado. Essencial aqui é a intenção pura em tudo o que se faz. Esta forma de amor é inevitavelmente um amor a distância: o importante é apontar as flechas da intenção puramente. Caso contrário, a pessoa espiritual corre o perigo de estar tão ocupada com suas atividades que perde de vista Aquele que é a razão principal.

Se a pessoa piedosa permanecer fiel a essa forma de amar, mais cedo ou mais tarde descobrirá que é possível uma forma mais fina de amor ainda, que fará mais justiça ao Amado e ampliará e aprofundará a capacidade de amar. Ele aprende a amar "intimamente". Com todas as suas faculdades, ele se concentra no Noivo que o convida à intimidade no fundo de sua alma. Trabalhar para Ele é enriquecido por morar com Ele. Ruysbroeck gosta de falar aqui de "aderir a Deus". Este amor incendeia a esfera afetiva, o que pode levar a reações físicas intensas: dança e saltos, choro e lamentações. O autor descreve isto com humor, mas também com certa reserva. É bom que se possa experimentar isso — corpo e afeto são purificados por este fogo — mas também é bom que se ultrapasse essa experiência. Caso contrário, corre-se o mesmo perigo que o dos praticantes demasiado zelosos da vida operativa, mas

---

2. Esta tradução do verso bíblico tenta ficar o mais próximo possível do texto do neerlandês médio e, portanto, não pretende ser uma tradução do texto original grego.

num nível mais profundo: a doçura do afeto é cultivada para seu próprio bem e não mais como um presente de e para o Amado. Senão, Ele ameaça desaparecer atrás de uma nuvem de bem-estar interior. O próprio Deus é aqui o pedagogo que faz com que o consolo se transforme em desolação. Se então o amor vai para o Doador e não para o dom — que nesse último caso é apenas amor próprio — descobre-se uma nova maneira de amar e uma nova forma de consolo, ou seja, sabendo-se a propriedade do Amado, incondicionalmente, em dias bons e maus.

O amor pode assim tomar posse das faculdades superiores: memória, razão e vontade. Aqui, pela primeira vez, se torna visível o caráter trinitário do misticismo de Ruysbroeck. A memória, correspondente ao conceito moderno de autoconsciência, está profundamente estabelecida no Pai, a mente é iluminada pelo Filho, e a vontade, permeada pelo amor do Espírito. O autor aqui coloca em contraste com aqueles que têm uma memória estável e serena, aquelas pessoas que não têm solidez, mas são movidas pela inquietação, curiosidade e sensacionalismo; em contraste com os iluminados, aqueles que se deleitam com sutilezas e novidades que sufocam toda a vida interior; em contraste com aqueles que estão cheios de amor, aqueles que, sob o disfarce de uma vida espiritual, acabam se preocupando apenas consigo mesmos. Contrastando com a solidariedade do primeiro, cheio de amor, está a atitude separativa do segundo.

A vida interior é coroada quando o homem amoroso se conhece a si mesmo para ser tocado por Deus nas profundezas das três faculdades, na unidade de seu espírito. Esse toque desperta uma "tempestade de amor" que quer alcançar esse contato. Mas a enchente de amor que brota do ponto de toque é muito forte: as faculdades sucumbem a essa força e cedem. O que o homem não pode fazer ativamente é dado passivamente: amar a Deus no mais profundo de sua alma, na unidade de seu espírito.

A vida interior é coroada quando a pessoa que ama se sabe tocada por Deus nas profundezas das três faculdades, na unidade de seu espírito. Esse toque desperta uma tempestade de amor que quer alcançar esse contato. Mas o fluxo de amor que brota do ponto de toque é forte

demais: as faculdades sucumbem a essa força superior e se rendem. O que o homem não consegue ativamente lhe é dado passivamente: amar a Deus no mais profundo de sua alma, na unidade de seu espírito.

É concebível uma unidade ainda mais profunda? Ruysbroeck diz que sim. O centro da alma humana não é um ponto fechado, mas tem uma abertura sem limites para o infinito amor de Deus. O místico é arrastado de si mesmo para o abismo do amor e participa da troca divina de amor entre as Pessoas da Trindade. O centro de sua vida, doravante, estará no Outro amado.

Mas quanto mais alto conduz o caminho místico, mais profundos ameaçam ser os abismos. Essa ameaça se apresenta aqui como a tentação do quietismo. A passividade, que em si é o fruto de um fracasso de todos os esforços, pode ser cultivada erroneamente para seu próprio bem. Então pode-se permanecer na paz do espaço sem fim que é o ser humano, mas essa experiência, em toda sua serenidade, é desprovida de amor e não conhece o gozo jubiloso da unidade com o Amado.

Três pontos devem ser destacados sobre este caminho do amor místico. Primeiramente, qualquer crescimento rumo a uma nova "vida" pressupõe que tudo o que foi antes não seja rejeitado, mas elevado e integrado a essa vida. Uma pessoa interior continuará a praticar as virtudes, embora de uma forma mais serena e experimentada. Aqueles que abandonam a prática ativa da virtude sob o pretexto de ser pessoa interior estão se enganando, e isso vale também para o contemplativo. Aquele que é chamado à mais alta vida mística, permanece ativo na devoção ativa e amorosamente recolhido e morando com o Amado.

Em segundo lugar, a vida mística nem sempre prossegue de acordo com o plano traçado pelo tratado. Ruysbroeck é o primeiro a reconhecer isso. Uma pessoa pode "simplesmente" cair na vida contemplativa, desde que seja fundamentalmente receptiva para o amor de Deus. Ela deve então aprender a assumir, concomitantemente, a vida ativa e a interior a partir daí.

Em terceiro lugar, *As bodas espirituais* não é prescritivo, mas descritivo. O caminho traçado é um convite a viver uma oferta de intimidade gratuita de forma gratuita, não um código moral com exigências cada vez maiores.

A terceira parte de *As bodas espirituais*, que o leitor lusófono encontra neste livro, trata da vida contemplativa. Esta peça compacta de prosa é uma das passagens mais sublimes da obra de Ruysbroeck. Ela descreve como o homem é elevado acima de si mesmo e introduzido na própria vida de Deus. Ele participa da vida trinitária do Pai, do Filho e do Espírito. Assim, o "vê" é vivido como uma recepção da palavra criativa do Pai, que nela expressa seu Filho. Com o Filho, a pessoa piedosa vê o Pai numa Luz que transcende todas as imagens e todos os conceitos. Esta luz é o próprio "noivo [que] vem". Ele exorta o devoto a sair de si mesmo, a fim de entrar naquela Luz. Assim, o noivo que vem e a pessoa piedosa que sai se encontram ("ao seu encontro") no único amor do ser divino, no qual não só a alma mística, mas também as pessoas divinas se perdem.

Cada leitor lerá *As bodas* à sua própria maneira. O leitor ideal — são poucos, adverte Ruysbroeck — é aquele que reconhece sua própria experiência até na última linha, onde a vida contemplativa se expande no oceano do jogo amoroso divino. Mas todo o que souber que o amor faz viver reconhecerá algumas passagens, verá outras passagens vagamente delineadas em sua própria vida; e outras ainda, ele será incapaz de reconhecer em sua vida. Essa última experiência de leitura se torna frutífera, quando o estranhamento se sedimenta no maravilhamento, e o maravilhamento se expande na admiração, uma experiência sem "utilidade" e preciosa nos dias de hoje.

As bodas espirituais através dos séculos

Em sua língua original, o tratado *As bodas* tem conhecido uma ampla distribuição. O número de manuscritos de *As bodas* que foram transmitidos é um indicador disso. Em sua edição acadêmica de 1988, J. Alaerts contou quatorze manuscritos com o texto completo ou quase completo, e vinte e dois manuscritos com trechos maiores ou menores. Já por volta de 1350, *As bodas* foi traduzido para o alemão medieval em e para os círculos dos assim chamados "amigos de Deus" ("Gottesfreunde" em alemão) em Estrasburgo e Basileia. Nas décadas seguin-

tes, foram feitas duas traduções em latim: uma pelo confrade de Ruysbroeck, Willem Jordaens (†1372), e outra por Geert Grote (1340-1384), o fundador do movimento da *Devotio Moderna*. No final da Idade Média, muitos textos latinos foram traduzidos para o neerlandês médio, mas as traduções na direção oposta foram muito raras e apontam para a estima que *As bodas espirituais* recebeu. Em 1552, o cartuxo Laurentius Surius publicou em Colônia uma tradução latina da *Opera Omnia* de Ruysbroeck. Essa tradução tornou-se o ponto de partida para traduções em idiomas modernos — principalmente de *As bodas* — até o limiar do século XX. Através da tradução inglesa que acompanha a nova edição dos trabalhos completos de Ruysbroeck (1981-2006), *As bodas* está agora sendo traduzido para o coreano, entre outros idiomas.

Guido De Baere, SJ

Esquema do conteúdo de *As bodas espirituais*

(conforme COMPLETE RUUSBROEC, 2014, v. 1, p. 32-36)

0 **Prólogo**
   0.1 As bodas entre Cristo e a natureza humana
   0.2 O tema: "Vê, o noivo vem; saí ao seu encontro".
   0.3 As três vidas: ativa, interior e contemplativa de Deus
1 **A vida ativa**
   1.1 Vê
      1.1.0 Introdução: três condições para ver
      1.1.1 Três condições para ver corporalmente
      1.1.2 Três condições para ver sobrenaturalmente
         1.1.2.0 Introdução
         1.1.2.1 O convite comum da graça de Deus
         1.1.2.2 A graça preveniente
         1.1.2.3 A luz da graça de Deus, a conversão da vontade e a purificação da consciência
   1.2 O noivo vem
      1.2.0 Introdução: as três vindas de Cristo
      1.2.1 A primeira vinda na Encarnação
      1.2.2 A segunda vinda, diariamente na alma
      1.2.3 A terceira vinda, no último julgamento
      1.2.4 Conclusão

1.3 Saí
    1.3.0 Introdução: ir para Deus, para nós mesmos e para nossos vizinhos com três virtudes
    1.3.1 A humildade como fundamento das virtudes
        1.3.1.1 Humildade
        1.3.1.2 Obediência
        1.3.1.3 Auto-renúncia
        1.3.1.4 Paciência
        1.3.1.5 Mansidão
        1.3.1.6 Misericórdia
        1.3.1.7 Compaixão
        1.3.1.8 Generosidade
        1.3.1.9 Zelo
        1.3.1.10 Temperança
        1.3.1.11 Pureza
    1.3.2 A justiça como arma contra os vícios
    1.3.3 A caridade como a coroa no reino das virtudes da alma

1.4 Ao seu encontro
    1.4.0 Introdução: encontrar Cristo de três maneiras
    1.4.1 A pura intenção
    1.4.2 A exclusão de intenções impuras
    1.4.3 Descanso em Deus acima de todas as coisas criadas
    1.4.4 Conclusão da vida ativa
    1.4.5 Transição para a vida interior

2 **A vida interior**
  2.0 Introdução: olhar para trás e olhar para a frente
  2.1 Vê
    2.1.1 Três condições para ver
    2.1.2 As três unidades naturais da alma e sua prática na vida ativa e na vida interior
    2.1.3 O influxo da graça de Deus no espírito
    2.1.4 Repetição das três condições para ver

2.2+3 O noivo vem; Saí
2.2+3.0 As três vindas de Cristo e a saída da pessoa interior
2.2+3.1 As primeiras idas e vindas: no coração
2.2+3.1.1.1 Consolo sensível
2.2+3.1.2 Excesso de consolo
2.2+3.1.3 A ferida e o frenesi do amor
2.2+3.1.4 Desolação

2.2+3.1.5   O exemplo de Cristo
2.2+3.1.6   Transição para a segunda vinda
2.2+3.2   A segunda entrada e saída: nas faculdades superiores
2.2+3.2.0   Introdução: A vinda de Cristo nas faculdades superiores
2.2+3.2.1   As idas e vindas na memória
2.2+3.2.2   A entrada e saída no entendimento
2.2+3.2.3   As idas e vindas no testamento
           O amor que, com todas as faculdades, abraça a Deus e a todas as pessoas
              — As pessoas não iluminadas e orgulhosas
              — O exemplo de Cristo
2.2+3.3   A terceira entrada e saída: na unidade do espírito
2.2+3.3.1   A Trindade de Deus move a alma em sua "tri-unidade"
2.2+3.3.2   Condições para receber a prática mais interna
2.2+3.3.3   O toque divino na unidade do espírito
2.2+3.3.4   Sair para este toque
2.4   Ao seu encontro
    2.4.1   Introdução: encontrar Cristo com e sem mediação
    2.4.2   A união natural com Deus sem mediação
    2.4.3   Da união sobrenatural com mediação à união sem mediação
    2.4.4   A união sobrenatural sem mediação
    2.4.5   A experiência da união com e sem mediação
    2.4.6   A vinda de Deus sem e com mediação
    2.4.7   A pura intenção como síntese da união com e sem mediação
    2.4.8   Reprise: a união com mediação de acordo com os sete presentes do Espírito Santo
        2.4.8.0   Introdução
        2.4.8.1   A vida ativa
            — Medo
            — Benevolência
            — Conhecimento
        2.4.8.2   A vida interior
            — Fortitude e conselho: a vinda no coração
            — Compreensão: a vinda nas faculdades superiores
            — Sapiência: a vinda na unidade do espírito
    2.4.9   A tripla experiência da união sem e com mediação

- 2.4.9.0 Introdução: a vida íntima praticada de três maneiras
- 2.4.9.1 União sem mediação
- 2.4.9.2 União com mediação
- 2.4.9.3 União com e sem mediações
- 2.4.10 A tripla degeneração da união sem e com mediação
- 2.4.10.0 Introdução
- 2.4.10.1 O falso vazio
- 2.4.10.2 Autobusca ativa
- 2.4.10.3 Falso modo de se submeter a Deus
- 2.4.10.4 Reprodução destes três desvios
- 2.4.11 Cristo como exemplo da tríplice experiência

3 A vida contemplando a Deus
- 3.0 Introdução (nl. 1-16)[3]
- 3.1 Vê (nl. 16-29)
  - 3.1.0 Introdução: o nascimento eterno da Palavra no espírito (nl. 16-18)
  - 3.1.1 Três condições para ver (nl. 18-23)
  - 3.1.2 A visão da Luz (nl. 23-29)
- 3.2 O noivo vem (nl. 29-38)
  O nascimento do Filho no espírito
- 3.3 Saí (nl. 38-69)
  - 3.3.1 A experiência natural da unidade na Trindade como base para a experiência sobrenatural da unidade na pessoa que contempla a Deus (nl. 38-52)
  - 3.3.2 Descrição da experiência desta unidade sobrenatural (nl. 38-69)
- 3.4 Ao seu encontro (nl. 69-88)
  Trabalhando e descansando no Deus Trino
  Oração final (nl. 88-89)

---

3. Os números (nl.) se referem à tradução portuguesa do neerlandês neste livro.

D. IOANNIS RUSBROCHII DOCTORIS DIVINI ET EXCELLENTISSIMI CONTEMPLATORIS,
de spiritalium nuptiarum ornatu
Liber tertius, agens speciatim de vita contemplativa superessentiali.

¶ *Quinam ad hanc vitam pertingant. Caput I.*

Porro internus ac devotus Dei amator, Deum quidem in fruitiva quiete, et seipsam in applicante sive accommodante ad Deum actuoso amore, ac totam denique vitam suam in excolendis cum iustitia virtutibus possidens et obtinens, per haec ipsa tria et occultam Dei manifestationem, ad superessentialem contemplativam pertingit vitam: amator, inquam, Dei internus, sive interna devotione praeditus, atque iustus, quem Deus liberrima voluntate sua ad eiusmodi superessentialem contemplativam vitam, quae in Dei lumine et modo quodam[1] divino agitur, eligere ac sublevare velit. Quae nimirum contemplatio in quadam nos puritate et lympitudine supra omnem intellectum constituit: siquidem virtutum omnium et vitae omnis singulare quoddam decus ac ornamentum et caelica corona, atque etiam perenne praemium est. Huc vero neque scientia, neque subtilitate, neque ulla exercitatione pertingi potest: sed quem Deus suo secum in spiritu unire, et seipso illustrare dignatur, is videlicet hoc pacto contemplari Deum potest, non alius quisquam.

Ipsa quidem occulta divinitatis natura, quantum ad personas pertinet, aeterno active contemplatur et amat: in ipsa autem essentiae unitate, in personarum complexu aeterno perfruitur. Et in hoc ipso complexu in essentiali Dei unitate omnes devoti ac interni spiritus unum cum Deo sunt amorosa sui in illum immersione ac liquefactione: adeoque ex gratia[2] idem illud unum sunt, quod eadem essentia in seipsa est. In hac autem sublimi divinae naturae unitate, caelestis Pa-

---

1. *quodam* adicionado.
2. *ex gratia* adicionado.

As bodas espirituais

1 A terceira vida

O amante interior de Deus, que possui Deus num descanso prazeroso e a si mesmo num amor 2 dedicado e operante, e toda a sua vida em virtudes com justiça — através desses três pontos e da revelação oculta de Deus, esse homem interior chega a uma vida contemplando a Deus. Desde que o 3 amante seja interior e justo, Deus quer, por Sua própria vontade, elegê-lo e elevá-lo até uma contemplação supraessencial, em luz divina e segundo o modo de Deus. Essa contemplação nos põe em pureza 4 e limpidez, acima de todo nosso entendimento, porque é uma joia especial e uma coroa celeste e, além disso, uma recompensa para todas as virtudes e para toda a vida. Ninguém pode chegar a 5 isso através de ciência ou subtileza, nem por exercícios. Mas aquele que Deus quer unificar com Seu Espírito e iluminar conSigo mesmo, ele pode contemplar a Deus, e mais ninguém.

6 A natureza divina oculta é eternamente ativa, contemplando e amando de acordo com o modo das Pessoas, sempre desfrutando, num abraço das Pessoas, na unidade da essência. Nesse abraço, 7 na unidade essencial de Deus, todos os espíritos interiores são um com Deus, numa efluência amorosa, e o mesmo um só que a essência é em Si mesma. E nessa unidade sublime da natureza 8 divina, o Pai celeste é princípio

ter omnis operationis, quae vel in caelis fit vel in terris, principium et origo est: idemque ipse in absorptis ac immersis spiritus penetralibus loquitur in haec verba, Ecce sponsus venit: exite obviam ei. Quae nos verba hoc tertio libro³ ad superessentialem accommodabimus contemplationem, totius sanctitatis et perfectae vitae omnis, quae possit agi in hoc tempore⁴, fundum atque finem. Ad quam sane contemplationem pauci admodum perveniunt, tum ob suam ipsorum ineptitudinem ac inhabilitatem, tum ob luminis, in quo ista fit contemplatio, latebras ac recessus. Quamobrem etiam ea quae dicturi sumus, nemo quavis institutione aut consideratione propria funditus capere valebit. Enimvero tum verba omnia, tum quaecunque iuxta creaturae modum doceri ac intelligi possum, aliena sunt et longe infra hanc, de qua quippiam dicere constituimus, veritatem. Quisquis tamen Deo unitus est et hac veritate illustratus, is poterit intelligere eam per seipsam. Deum nanque ultra similitudines omnes ita ut est in seipso capere ac intelligere, hoc est quodam modo⁵ Deum esse cum Deo, sine medio aut aliqua (ut sic dicam)⁶ perceptibili alteritate, quae impedimentum aut medium aliquod efficere posset: ita tamen, quod semel pro semper lectorem diligenter advertere et memoria retinere velim, ut creatura maneat semper creatura. nec unquam essentiam amittat suam: quod absurdum sit dicere⁷. Quae cum ita se habeant, obsecro omnes ad quorum manus ista notitiamque pervenerint, si quidem ea non intellexerint, neque in spiritus sui fruitiva unitate sentiant ac experiantur, ut ne quod hinc offendiculum capiant, sed sinant esse id quod sunt: neque enim nisi vero consentanea prolaturi sumus⁸. Eademque sane Dominus Iesus aeterna veritas pluribus Evangelii locis tradidit, id quod esset omnibus perspicuum⁹, si tantum nos ea idonee exprimere, declarare ac explicare possemus. Quisquis

---

3. *hoc tertio libro* adicionado.
4. *quae — tempore* adicionado.
5. *quodam modo* adicionado.
6. *ut sic dicam* adicionado.
7. *ita tamen — sic dicere* adicionado.
8. *neque — sumus* adicionado.
9. *id — perspicuum* em vez de *Pois o que eu quero dizer* (nl. 14).

e fim de todo o trabalho que foi operado no céu e na terra. E Ele fala, dentro do oculto mais profundo do espírito: "Vê, o noivo vem! Saí ao Seu encontro". 9 Essas palavras queremos agora explicar e clarificar, no que diz respeito à contemplação supraessencial, que é um fundamento de toda a santidade e de toda a vida que se pode viver. 10 São poucas as pessoas que chegam até essa contemplação divina, por causa da sua própria incapacidade e do oculto da luz que estão contemplando. Por isso, ninguém vai entender propriamente 11 a fundo o sentido das palavras por meio de estudo ou de consideração sutil de si mesmo. Pois todas as palavras e tudo o que se pode ensinar e entender segundo o modo da criatura, é estranho e 12 muito abaixo da verdade que eu tenho em mente. Mas, aquele que está unido com Deus e esclarecido nessa verdade, ele pode entender a verdade pela própria verdade. Porque entender e 13 compreender Deus acima de todas as semelhanças, como Ele é em Si, isso significa ser Deus com Deus, sem mediação nem alteridade alguma que possa criar obstáculo ou mediação. Por esse 14 motivo, suplico cada um que não entende isso, nem o sente na unidade prazerosa do seu espírito, que não se escandalize e deixe as coisas como são. Pois o que eu quero dizer é verdade, e o próprio 15 Cristo, a Verdade eterna, o disse no Seu ensinamento em muitos trechos, se ao menos pudéssemos revelá-lo e trazê-lo à luz. E por esse motivo, se

autem haec intellectu consequi debeat, is sibiipsi mortuus sit et in Deo vivat oportet, vertatque faciem suam ad lumen aeternum in fundo spiritus sui, ubi occulta et arcana veritas sine medio sese manifestat.

Et Pater quidem caelestis, cum sit pater luminum, vult ut videamus: atque eam ob rem sine intermissione, et absque medio perpetuo in intimis spiritus nostri penetralibus verbum unicum aeternum, ac ut ita dicam, abyssale, nec plura, loquitur: in eodemque verbo et seipsum profert et omnia. Nihil autem aliud verbum istud sonat, quam Ecce, vel Vide: et hic exitus est et generatio filii luminis aeterni, in quo beatitudo omnis cognoscitur et conspicitur.

¶ De tribus superessentiali contemplationi necessariis. Caput II.

Iam si spiritus Deum per Deum in hoc divino lumine absque medio contemplari debeat, eo quidem tria necessaria sunt.

Primum est, ut sit bene compositus ac ordinatus foris in cunctis virtutibus, et intus tam expeditus, sive tam nihil impeditus, tamque liber a cunctis actibus externis, quasi nihil operis ageret. Etenim si quibuslibet virtutum actibus intus in animo distendatur vel occupetur, iam quoque intus imaginibus implicitus est: quod quandiu in ipso perseveraverit, non poterit contemplari.

Secundum est, ut Deo intus adhaereat adiunctiva intentione et amore, velut ignis incensus et excandescens, et qui nunquam possit extingui. Ubi se ita senserit affectum, contemplationi vacare poterit.

Tertium est, ut in divinitatis essentia omnis modi nescia, et in caligine, ubi omnes contemplatores fruendo aberrarunt, nec seipsos unquam secundum creaturae reperire queunt, seipsum amiserit.

In cuius caliginis abysso, in qua·spiritus amore flagrans sibiipsi mortuus est, Dei manifestatio et vita aeterna incipit. Isthic enim lux quaedam incompraehensibilis lucet ac nascitur, quae est filius Dei, in quavitam contemplamur aeternam: et in ipsa videre incipimus. Porro lumen istud divinum in simplici spiritus praestatur existentia, ubi spiritus hominis Dei suscipit claritudinem, idque supra dona omnia, et actus omnes, quatenus creaturae sunt, in ipsa ociosa sui vacuitate sive inanitate, ubi per fruitivum amorem seipsum amisit, et ut dixi, claritatem Dei absque medio suscipit: immo etiam quatenus creaturae con-

alguém quiser entender isso, deve ter morrido 16 para si mesmo e viver em Deus, e voltar seu rosto para a luz eterna no fundo do seu espírito, onde a verdade oculta se revela sem mediação.

Pois o Pai celestial deseja que estejamos vendo, 17 porque é um Pai da luz. Por isso, Ele fala eternamente, sem interrupção e sem mediação, no oculto do nosso espírito, apenas uma palavra insondável e mais nada. E nessa palavra, Ele Se profere a Si 18 mesmo e todas as coisas. Essa palavra é nada mais do que: "Vê", e isso é o êxito e o nascimento do Filho da Luz eterna, em Quem se entende e se vê toda a beatitude.

Agora, se o espírito deve 19 contemplar Deus com Deus, sem mediação, nesta luz divina, três coisas são necessárias.

A primeira é que se esteja exteriormente bem organizado nas virtudes e interiormente sem obstáculos, 20 e tão vazio de atividades externas como se não se estivesse trabalhando. Pois quem estiver ocupado com qualquer atividade de virtude, vai ser assaltado por imagens. Enquanto isso acontecer 21 dentro dele, ele não poderá contemplar.

A segunda é, que ele deve apegar-se por dentro a Deus com intenção devota e amor, exatamente como um fogo aceso e ardente, 22 que nunca pode ser extinto. Enquanto se sentir assim, ele poderá contemplar.

A terceira coisa é, que ele se tenha perdido num sem-modo e numa escuridão, em que todos os contemplativos 23 prazerosamente vagueiam, e não podem mais se encontrar segundo um modo de criatura.

No abismo desta escuridão, no qual o espírito amoroso morreu para si próprio, aí começam a revelação de Deus 24 e a vida eterna. Porque nesta escuridão brilha e nasce uma luz incompreensível, que é o Filho de Deus, em quem se contempla a vida eterna. E nessa luz uma pessoa se torna vidente. 25 Essa luz divina é concedida no ser simples do espírito, onde o espírito recebe a claridade, que é o próprio Deus, acima de todos os dons e de toda atividade de criatura, no vazio inativo do espírito, 26 em que, através do amor prazeroso, ele se perdeu a si mesmo e recebe, sem mediação, a claridade de Deus. E, sem interrup-

gruit, absque intermissione eadem fit claritas quam percipit. Nimirum occulta isthaec claritudo, in qua secundum spiritus ocium contemplari licet quicquid desiderari possit, tam ingens est, ut amans contemplator in fundo suo, ubi quiescit, nihil neque sentiat, neque conspiciat, nisi lumen quodam incompraehensibile: et secundum simplicem nuditatem omnia complectente velut idem ipsum se sentiat ac depraehendat. Ita iam primum illud, uti videlicet divino lumine videre incipiamus, explicatum est. Beatos plane oculos illos, qui sic vident, quoniam vitam aeternam, quatenus in tempore licet[10], possident.

¶ *De adventu sponsi in spiritum contemplantem, et de aeterna in eodem filii Dei generatione. Caput III.*

At vero ubi hunc in modum videre coeperimus, iam sponsi nostri adventum perpetuum cum gaudio contemplari valebimus: et id alterum est, de quo dicere statuimus. Sed quisnam, obsecro, sponsi nostri adventus perpetuus est? Videlicet nova generatio, recensque sine intermissione illustratio. Etenim fundum illud unde claritas ista refulget ac lucet, immo quod claritas ipsa est, foecundum ac vividum est: ideoque aeterni luminis manifestatio in intimis spiritus penetralibus continenter renovatur. Atque hic sane quicquid est actuum creatorum, et cuncta virtutum exercitia cedant ac succumbant oportet: quandoquidem Deus ipse non nisi seipsum hic agit in suprema spiritus dignitate seu nobilitate[11]: neque aliud hic est, nisi perpetua et intenta quaedam luminis huius per ipsum et in ipso lumine contemplatio. Et sponsi adventus tam velox ac repentinus est, ut et veniat semper, et semper intus permaneat, et quidem cum opibus immensis: atque etiam personaliter sine cessatione cum eiuscemodi claritudine recens semper adveniat, perinde quasi nunquam ante venerit. Siquidem adventus eius absque tempore in quodam Nunc sempiterno consistit, et semper nova cum appetentia ac novo gaudio suscipitur. Quas vero delicias quaeque gaudia sponsus iste secum suo in adventu apportat et advehit, ea sane infinita ac immensa

---

10. *quatenus — licet* adicionado.
11. *do espírito* (nl. 32) falta.

dância e alegria]. Por isso, os olhos com os quais o espírito contempla e olha seu Noivo 36 estão tão dilatados, que nunca mais serão fechados. Pois o olhar e contemplar do espírito se fixam para sempre na revelação oculta de Deus, e a compreensão do espírito está tão dilatada rumo 37 à vinda do Noivo, que o próprio espírito se tornou a imensidade que está apreendendo. Dessa maneira, Deus é entendido e contemplado com Deus, e nisso consiste toda a nossa beatitude. 38 Isso é e segundo ponto: como recebemos sem cessar em nossos espíritos a eterna vinda do Noivo.

Agora, o Espírito de Deus fala assim, no oculto efluir do nosso espírito: "Saí, em eterna contemplação e 39 eterno prazer, segundo o modo de Deus". Toda a riqueza que em Deus é naturalmente, nós a possuímos em Deus amorosamente, e Deus em nós, pelo amor imensurável que é o Espírito Santo. 40 Pois nesse amor se sente o gosto de tudo o que se pode desejar. Por isso, através desse amor, estamos mortos para nós mesmos e saímos num efluir amoroso, sem modo e em escuridão. Aí, o 41 espírito está num abraço da Santa Trindade, eternamente permanecendo na unidade supraessencial, no descanso e desfrute. Nessa mesma unidade, ao modo da fecundidade, o Pai está no Filho, e Filho 42 no Pai, e todas as criaturas em ambos. E isso é acima da distinção das pessoas, porque aqui se entende, com a razão, paternidade e filiação, na fecundidade viva da natureza [de Deus].

Aqui surge e 43 começa um eterno sair e uma atividade sem começo, pois aqui há um começo sem começo. Porque, como o Pai onipotente Se entendeu perfeitamente no fundo da Sua fecundidade, o Filho, 44 a Palavra eterna do Pai, saiu como pessoa distinta na Divindade. Median-

sona exiit: et per hanc aeternam verbi generationem creaturae omnes, antequam creatae essent temporaliter, ab aeterno egressae sunt, viditque eas Deus et agnovit distincte in seipso in alteritate quadam sub vividis rationibus, non tamen omni moda alteritate. Quicquid enim in Deo est, Deus est. Hic vero aeternus exitus et vita haec aeterna, quam ab omni aeternitate in Deo habemus et sumus absque nobisipsis, ut arbitror[14], ratio est temporaliter creatae essentiae nostrae: et creata essentia nostra dependet ab essentia aeterna, et unum cum illa est secundum essentialem existentiam. Porro esse aeternum et vita aeterna, quam secundum ideas in aeterna Dei sapientia habemus et sumus, Dei similis est: etenim perpetuo in divina essentia sine discretione intus permanet: atque etiam per aeternam verbi generationem perpetuo emanat sub discreta alteritate secundum rationem aeternam sive ideam. Et per haec duo tantam habet Dei similitudinem, ut in hac ipsa similitudine Deus omnipotens sine intermissione sese cognoscat[15] tam secundum essentiam quam personas. Nam tametsi secundum rationem discrimen et alteritas hic est, attamen similitudo haec unum est cum summae Trinitatis imagine, quae est aeterna Dei sapientia, in qua seipsum Deus et omnia in quodam Nunc aeterno absque ante vel post, simplici intuitu contemplatur. Est enim Dei sapientia, illius imago et similitudo, et nostra forma ac exemplar: in eaque sese Deus et omnia velut in speculo contuetur[16]. Et in hac divina imagine creaturae omnes tanquam in suo exemplari aeterno perenniter vivunt secundum ideam[17]: atque ad istam ipsam aeternam imaginem et hanc similitudinem a sacrosancta Trinitate conditi sumus.

Quam ob rem exigit et vult Deus, ut extra nosipsos in hoc divinum lumen exeamus, et imaginem hanc ceu propriam vitam nostram supernaturaliter assequi conemur, et cum ipso in aeterna beatitudine active pariter et fruitive possideamus. Enimvero satis animadverti licet, Dei Patris sinum vitae et essentiae nostrae fontem et originem esse. Ex eodem autem ipso Deo Patre et omni eo quod in ipso vivit, aeterna

---

14. *ut arbitror* adicionado.
15. *e Se reflete a* (nl. 48) falta.
16. *velut — contuetur* em vez de *Se reflete* (nl. 51).
17. *secundum ideam* adicionado.

te o nascimento eterno, todas as criaturas saíram eternamente, antes de serem criadas no tempo. Assim Deus as olhou e as 45 conheceu em Si mesmo, como diversas ideias de vida e em alteridade de Si mesmo; mas não são diferentes em todos os aspectos: porque tudo o que é em Deus, é Deus. Esse sair eterno e essa 46 vida eterna que temos e somos em Deus eternamente, sem nós mesmos, é causa de nosso ser criado no tempo. Nosso ser criado está suspenso no ser eterno e é um só com ele, quanto ao ser 47 essencial. E esse ser eterno e vida, que nós temos e somos na Sapiência eterna de Deus, é semelhante com Deus. Porque tem uma morada eterna sem diferença no ser divino e um efluir eterno, 48 mediante o nascimento eterno do Filho, com distinção, de acordo com a ideia eterna. Por meio desses dois pontos, ele é tão semelhante a Deus, que Ele Se reconhece e Se reflete a Si mesmo 49 sem parar nessa semelhança no que diz respeito ao ser e às pessoas. Pois mesmo que aqui haja distinção e alteridade segundo a ideia, a semelhança, porém, é uma coisa só com essa própria imagem 50 da Trindade Santa, que é a Sapiência na qual Deus contempla a Si mesmo e todas as criaturas num eterno agora, sem antes nem depois. Com um simples olhar Ele vê a Si mesmo e todas as 51 coisas, e isso é a imagem de Deus e a semelhança de Deus [veja Gn 1,26], e [também] nossa imagem e semelhança, porque nisso Deus Se reflete a Si mesmo e a todas as coisas que são n'Ele. Nessa imagem divina, 52 todas as criaturas têm uma vida eterna, sem serem elas mesmas, como no seu exemplar eterno. E a Santa Trindade nos criou a essa imagem eterna e a essa semelhança.

Por isso, Deus nos 53 faz sair de nós mesmos até essa luz divina e prosseguir de modo sobrenatural essa imagem — que é nossa própria vida — e possuí-la com Ele, de forma eficaz e prazerosa, em eterna 54 beatitude. Pois descobrimos de fato que o seio do Pai é nosso próprio fundo e nossa origem, onde começamos nossa vida e nosso ser. De nosso próprio fundo — ou seja: do Pai e de tudo que 55 tem vida

quaedam radiat claritudo, quae est filii generatio: et in hac claritate, hoc est, in filio seipsum Deus et quicquid in ipso vivit, perspicue ac manifesto cognoscit. Nam totum hoc quod ipse est et habet, suo largitur filio, praeter tarnen paternitatis personalem proprietatem quae ipsi permanet. Quicquid igitur in Patre vivit occultum et abditum in unitate, id omne etiam in Filio vivit in emanatione manifesta. Ita ergo simplex aeternae imaginis vel exernplaris nostri fundum, perpetuo in caligine omnis modi expers permanet: sed claritas immensa hinc radians atque lucens, occulta Dei cum modo quodam profert, redditque manifesta. Et quotquot ultra creatam essentiam suam in vitam superessentialem contemplativam sublevati sunt, cum hac divina claritudine unum sunt, immo iuxta quendam modum[18] ipsa haec claritas sunt: perque lumen hoc divinum vident et sentiunt ac reperiunt intra sese, secundum ideam, vel esse suum increatum idem se fundum illud esse vel abyssum, unde claritas ista immensa divina quadam ratione relucet, atque etiam ubi secundum essentiae simplicitatem aeterno simpliciter et absque modo intus manet. Quapropter homines interni et superessentialiter contemplativi iuxta contemplationis huius modum supra rationem, supra discretionem, et supra creatam essentiam suam, perpetua cum contemplatione per lumen insitum exibunt: sicque de claritate in claritatem tanquam a Domini spiritu transformabuntur, et unum cum hoc lumine, quo vident et quod vident, efficientur: simul etiam aeternam suam assequentur imaginem, ad quam conditi sunt, et simplici quodam in divinam clarita intuitu, Deum ipsum et omnia absque discrimine vel discretione contemplabuntur. Quae nimirum et praeclarissima et frugifera maxime contemplatio est, ad quam possit in hac pertingi vita. In hac nanque contemplatione sui quisque melius compos manet ac liber, potestque in vitae sublimitate sub qualibet amorosa introversione supra quam capi queat, profectum facere. Siquidem quod ad devotionem internam et virtutum exercitia attinet, sui potens et liber manet: ipsa vero in divinum lumen intenta contemplatio, supra devotionem omnem, et supra virtutes ac merita omnia sese continet: quippe quae corona et praemium est, ad quod magna animi contentione adspiramus,

---

18. *iuxta quendam modum* adicionado.

n'Ele — resplandece uma claridade eterna que é o nascimento do Filho. Nessa claridade, ou seja, no Filho, o Pai, e tudo que tem vida n'Ele, é manifesto para Si mesmo. Porque tudo o que Ele 56 é e tudo o que Ele possui, Ele dá ao Filho, menos a propriedade da paternidade, que é exclusiva Sua. Por isso, tudo que vive escondido no Pai na unidade, está vivo no Filho [e é] efluído para fora, 57 na revelação. O fundo simples da nossa eterna imagem fica sempre em escuridão e sem modo, mas a claridade incomensurável que disso resplandece revela e faz surgir o oculto de Deus em modos. 58 Todas as pessoas que são elevadas acima da sua criaturalidade numa vida contemplativa são um só com essa claridade divina e são a própria claridade. E mediante essa luz divina, elas veem, 59 sentem e se encontram como sendo esse próprio fundo simples, segundo o modo incriado [do seu ser], de onde essa claridade resplandece sem medida, segundo o modo divino, e segundo 60 a simplicidade do ser remanesce dentro, simples e eternamente, e sem modo. Por esse motivo, todos os que contemplam internamente devem sair, de acordo com seu modo de contemplação, 61 acima da razão, acima de distinção e acima de seu ser criado, com um eterno olhar para dentro, através da luz inata. Assim são transformados e um só com a mesma luz, pela qual veem e que veem. 62 E assim as pessoas contemplativas estão alcançando sua imagem eterna, segundo a qual são feitas, e estão contemplando Deus e todas as coisas num olhar simples sem distinção, na claridade divina. 63 Essa é a contemplação mais nobre e valiosa à qual se pode chegar na vida. Porque, nessa contemplação, um permanece soberanamente mestre de si mesmo e livre, e, em cada volta amorosa para 64 dentro, pode crescer em sublimidade de vida além de tudo o que se pode compreender. Pois ele permanece livre e mestre de si mesmo na prática interior e nas virtudes. Esse contemplar na luz 65 divina o segura acima de toda devoção interior e de todas as virtudes e de todos os méritos, pois é a coroa e a recompensa para a qual nos esforçamos,

quodque modo quodam etiamnum in superessentiali contemplatione habemus et possidemus. Enimvero vita superessentiali contemplationi dedita, caelestis plane vita est. At tamen si ab hoc exilio et miseria extracti essemus, dubium non est, quin secundum e creatam essentiam nostram ad suscipiendam hanc claritudinem aptiores magisque habiles essemus, et Dei gloria iuxta omnem modum praestantius et copiosius lumine suo nos irradiare ac penetrare posset. Hic videlicet modus est omnem transcendens modum, quo in divinam perpetuamque contemplationem exitur, quoque in divinam transformamur claritatem. Idemque contemplantis hominis exitus etiam amorosus est. Siquidem per amorem fruitivum suam transcendens creatam essentiam, illas invenit gustatque divitias ac delicias quae Deus ipse est, quasque is continenter manare facit in intima spiritus penetralia, ubi hic divinae nobilitatis quandam obtinet similitudinem.

¶ *De intima obviatione spiritus ac sponsi. Caput V.*

Atqui ubi intimus contemplator ea, qua dictum est, ratione aeternam suam assecutus est imaginem, et in hac puritate ac synceritate, per filium, Dei Patris sinum obtinuit ac possedit, iam quidem divina illustratus veritate est, et divinam generationem horis omnibus novam suscipit, et iuxta luminis modum in divinam exit contemplationem: ubi tum quartum idemque postremum oritur, puta amorosa Dei obviatio, in qua suprema salus ac beatitudo nostra praecipue consistit. Hic quidem scire operaepretium fuerit, Patrem caelestem ceu vividum principium vel originem, cum omnibus in ipso viventibus ad filium suum tanquam aeternam sapientiam suam, active conversum esse, eandemque sapientiam cum universis in ipsa viventibus in Patrem suum, utpote principium unde exiit, reflexam esse: atque in hoc mutuo Patris ac filii occursu tertiam existere personam, ex Patre et filio procedentem, ipsum videlicet spiritumsanctum, qui amor amborum est, et unum cum ipsis in identitate naturae. Hic vero amor vel charitas tum active tum fruitive Patrem ac Filium et quicquid in eis vivit, tanta cum opulentia tantisque gaudiis complectitur ac penetrat, ut hinc creaturas omnes aeterno silere necesse sit. Etenim incompraehensibilia illa mira, quae in hoc continentur sive consistunt amore, creaturarum omnium intelligentiam

e que agora de um certo modo temos 66 e possuímos. Porque a vida contemplativa é uma vida celestial. Mas se fôssemos libertados deste exílio, seríamos mais capazes de receber o brilho de acordo com nossa criatividade, e a glória 67 de Deus brilharia através de nós melhor e mais nobremente, de todas as maneiras. Isso é o modo acima de todos os modos, no qual se sai numa contemplação divina e num eterno olhar, e 68 no qual se é transformado e transfigurado em brilho divino. Essa saída da pessoa contemplativa é também amorosa. Pois, por meio de seu amor prazeroso, ela passa além de sua criaturalidade, e 69 encontra e saboreia a riqueza e a felicidade que é o próprio Deus, e que Ele faz fluir sem cessar para dentro do oculto do espírito, onde ele é semelhante à nobreza de Deus.

Quando a pessoa 70 contemplativa interior tiver perseguido assim sua imagem eterna, e nesta limpidez, através do Filho, tomou posse do seio do Pai, ela é iluminada pela verdade divina. E ela recebe o nascimento 71 eterno a cada momento novamente, e ela sai, segundo o modo de luz, para uma contemplação divina. E aqui surge o quarto e último ponto, ou seja, um encontro amoroso no qual consiste, acima de 72 tudo, nossa suprema bem-aventurança. Você deve saber que o Pai celestial, como fundo vivo, com tudo o que n'Ele vive, está ativamente voltado para Seu Filho como para Sua própria Sapiência 73 eterna. E a mesma Sapiência e tudo o que está vivendo dentro dela está ativamente voltada para o Pai, ou seja, para o mesmo fundo de onde ela vem. E neste encontro surge a terceira Pessoa, entre 74 o Pai e o Filho, ou seja, o Espírito Santo, o amor mútuo d'Eles, que é um com ambos na mesma natureza. Este [amor] envolve e impregna ativamente e de forma prazerosa o Pai, o Filho e tudo 75 o que está vivendo em ambos com tanta riqueza e alegria que todas as criaturas devem ficar eternamente calados a esse respeito. Pois a incompreensível maravilha que reside neste amor 76 transcende eternamente a compreensão de todas as criaturas.

aeterno superant et excellunt. Ubi igitur mira haec sine admiratione et intelliguntur et gustantur, ibi spiritus supra seipsum sublevatus, unum cum Dei spiritu effectus est, et in vitalis fundi unitate, ubi seipsum secundum esse suum increatum possidet, divitias illas, quae Deus ipse est, sine mensura divino quodam modo gustat et adspectat.

Caeterum deliciosa isthaec divinaque obviatio, absque intermissione active in nobis renovatur. Pater nanque sese dat in filio, et filius in Patre, idque in acterna quadam mutua complacentia ac amantissimo amplexu: et hoc in amoris nexu horis omnibus renovatur. Sicut enim Pater sine intermissione in filii sui generatione cuncta recens contemplatur: ita etiam a Patre et Filio in sanctispiritus emanatione recenter omnia amantur. Et haec est activa Patris et filii obviatio, in qua nos per Spiritumsanctum in aeterna charitate amanter circumplexi sumus.

Porro actualis haec obviatio et amabilis hic amplexus, in fundo suo fruitivus est et absque fundo. Siquidem divinitatis abyssus omnis e modi expers, tam caliginosa est, tamque modi nescia, ut in se divinum omnem modum, et actionem et proprietates in opulento essentialis unitatis amplexu compraehendat ac circumplectatur, et in innominabili abysso divinam efficiat fruitionem. Hic vero fruitivus quidam excessus agitur, et defluens in essentialem nuditatem immersio, ubi quaevis Dei nomina, et modi ac vividae rationes omnes in divinae veritatis speculo relucentes, in simplicem illam ac innominabilem decidunt divinitatis sentiam, modi omnis ac rationis expertem. In hac nanque inexhausta ac inscrutabili simplicitatis abysso[19], cuncta in fruitiva beatitudine complectuntur: sed abyssus ipsa nunquam compraehenditur, nisi ab essentiali unitate. Atque hic sane tum personas ipsas, tum quicquid vivit in Deo, cedere oportet: quando nihil hic aliud est, quam in fruitivo amorosae liquefactionis sive defluxionis circumplexu perpetua requies: quae nimirum in essentia illa omnis modi nescia capitur, quam intima devotione praediti spiritus supra omnia elegerunt. Et haec est caliginosum silentium, in quo omnes amantes spiritus sese quodam modo

---

19. *abysso* em vez de *turbilhão* (nl. 84).

Mas onde se compreende e se saboreia esta maravilha sem espanto, ali o espírito está acima de si mesmo e é um com o Espírito 77 de Deus, e saboreia e vê, sem medida, como Deus mesmo, a própria riqueza que está na unidade do fundo vivo onde se possui segundo o modo de seu ser incriado.

Agora, esta reunião feliz, 78 segundo o modo de Deus, é ativamente, sem cessar, renovada dentro de nós. Pois o Pai se entrega no Filho, e o Filho no Pai, numa eterna complacência e num abraço amoroso. E isso se renova 79 a toda hora, num laço de amor. Porque, assim como o Pai contempla tudo de novo, sem cessar, no nascimento de Seu Filho, assim todas as coisas são amadas de novo pelo Pai e pelo Filho no 80 efluir do Espírito Santo. E este é o encontro ativo do Pai e do Filho, no qual somos amorosamente abraçados, por meio do Espírito Santo, no amor eterno.

Agora, este encontro ativo e este 81 abraço amoroso são, em seu fundo, prazerosos e sem modo. Pois o insondável ser sem-modo de Deus é tão obscuro e tão sem modo que engloba dentro de si todos os divinos modos e a atividade 82 e propriedade das Pessoas, no rico abraço da unidade essencial, e que produz um gozo divino neste abismo da inominabilidade. E aqui está a prazerosa transição, um entranhar fluindo para 83 a nudez essencial, onde todos os nomes divinos e todos os modos e todas as ideias de vida, que são retratadas no espelho da verdade divina, caem sem exceção na simples inominabilidade, sem modos 84 e sem ideia. Pois neste turbilhão insondável de simplicidade, todas as coisas são englobadas numa prazerosa bem-aventurança, enquanto o próprio fundo permanece totalmente incompreendido, 85 a menos que seja por unidade essencial. Diante disso devem ceder as Pessoas e tudo o que está vivendo em Deus, pois aqui não existe nada além de um descanso eterno num abraço prazeroso de 86 amorosa efusão. Isto é, na essência sem modos que todos os espíritos interiores têm preferido acima de todas as coisas. Esta é a quietude escura na qual todos os amantes estão perdidos. Mas se 87 pudéssemos assim [como

amiserunt. Et nos quidem si ita, ut dictum est, virtutibus excolendis nos praeparare studeremus, ipso propemodum corpore exuti, in vastissimum divinitatis pelagus navigaremus, a nulla unquam assequendi vel impediendi creatura. Praestet nobis divina charitas, quae nullius unquam quanvis mendici, preces frustrata est, ut essentialem unitatem fruitive possideamus, et unitatem in Trinitate dilucide contemplemur, Amen.

foi exposto] nos preparar nas virtudes, rapidamente nos despojaríamos do corpo e fluiríamos para as ondas selvagens do mar; nenhuma criatura jamais poderia nos trazer 88 de volta. Que o amor divino, que não recusa nenhum mendigo, conceda-nos que possamos possuir com gozo a unidade essencial e claramente contemplar a unidade na tri-unidade. 89 Amém. Amém.

BIBLIOGRAFIA

ALAERTS (1981): Joseph Alaerts, *La terminologie "Essentielle" dans l'oeuvre de Jan van Ruusbroec*, 1293-1381. Lille, 1981. [Tese de doutorado]

AMPE (1951): Albert Ampe, *De grondlijnen van Ruusbroec's drieëenheidsleer als onderbouw van den zielenopgang.* (= Studiën en tekstuitgaven van ons geestelijk erf, XI) Tielt: Lannoo, 1951.

_____. *De geestelijke grondslagen van den zieleopgang naar de leer van Ruusbroec. A. Schepping en christologie B. Genadeleer.* (= Studiën en tekstuitgaven van Ons geestelijk erf, XII) Tielt: Lannoo, 1951-52. 2 v.

_____ (1957): *De mystieke leer van Ruusbroec over den zieleopgang.* (= Studiën en tekstuitgaven van ons geestelijk erf, XIII) Tielt: Lannoo, 1957.

_____. Jean Ruusbroec. In: *Dictionnaire de spiritualité ascétique et mystique*, 8, 659-697, 1977.

ARAÚJO (1996): Heloísa Vilhena de Araújo, *O Roteiro de Deus: Dois Estudos Sobre Guimarães Rosa*. São Paulo: Mandarim, 1996.

CADERNOS (2006): *Cadernos de literatura brasileira. João Guimarães Rosa.* São Paulo: Instituto Moreira Salles, 2006.

COMPLETE RUUSBROEC: *The Complete Ruusbroec.* I: *English Translation*; II: *Middle Dutch Text*. Guido De Baere & Thom Mertens (orgs.). (= Corpus Christianorum Scholars Version) Turnhout: Brepols, 2014. 2 v.

DE VREESE (1895): Willem De Vreese, Bijdragen tot de kennis van het leven en de werken van Jan van Ruusbroec. In: *Het Belfort. Maandschrift gewijd aan letteren, kunst en wetenschap*, 10:2. Gent, p. 5-20, 1895.

_____ (1900-1902): *De handschriften van Jan van Ruusbroec's werken.* Gent: Siffer, 1900-1902. 2 v.

ECKHART (1999): Mestre Eckhart, *O livro da divina consolação e outros textos seletos*. Leonardo Boff (red.). Petrópolis: Vozes, 1999.

_____ (2004): *Sobre o desprendimento e outros textos*. Tradução de Alfred J. Keller e introdução de Gwendoline Jarczyk e Pierre Jean Labarrière. São Paulo: Martins Fontes, 2004.

_____ (2006-2008). *Os Sermões alemães*. Petrópolis: Vozes, 2006-2008. 2v.

HADEWIJCH (1989): Hadewijch de Amberes, *Deus, amor e amante*. São Paulo: Paulinas, 1989.

HILDEGARDA DE BINGEN (2015): Hildegarda de Bingen, *Scivias (Scito Vias Domini) — Conhece os caminhos do Senhor*. São Paulo: Paulus, 2015.

JORDAN (1996): William Chester Jordan, *The Great Famine. Northern Europe in the Early Fourteenth Century*. Princeton: Princeton University Press, 1996.

_____ (2001): William Chester Jordan, *Europe in the High Middle Ages*. London: Penguin, 2001

KIENHORST & KORS (2003): Hans Kienhorst & Mikel Kors, Codicological evidence for a chronological rearrangement of the works of Jan van Ruusbroec (1293-1381). In: *Quaerendo*, v. 33, p. 135-174, 2003.

KORS (2001): Mikel Kors, Ruusbroec en de crisis van de mystiek. In: *Ons geestelijk erf*, v. 75, p. 116-124, 2001.

_____ (2007): *De bijbel voor leken. Studies over Petrus Naghel en de historiebijbel van 1361*. Ingeleid door Geert Claassens. With an English summary. Turnhout: Brepols, 2007.

_____ (2016): *Studie en kritische tekstuitgave van Henricus Pomerius' De origine monasterii Viridis Vallis*. In: *Ons geestelijk erf*, v. 87, p. 227-331, 2016.

KWAKKEL (2002): Erik Kwakkel, *De Dietsche boeken die ons toebehoren. De kartuizers van Herne en de productie van Middelnederlandse handschriften in de regio Brussel (1350-1400)*. (= Miscellanea Neerlandica 27) Leuven: Peeters, 2002.

McGINN (2012): Bernard McGinn, *As fundações da mística, das origens ao século V. Tomo 1: a presença de Deus, uma história da mística cristã ocidental*. São Paulo: Paulus, 2012.

_____ (2014): Bernard McGinn, Essential themes in Ruysbroeck's mysticism, In: *A Companion to John of Ruusbroec*. Leiden: Brill, p. 130-178, 2014.

MOMMAERS (2009): Paul Mommaers, *Jan van Ruusbroec: Mystical union with God*. Leuven: Peeters, 2009.

NAZARÉ (2018): Beatriz de Nazaré, *Sete maneiras de amor sagrado. Uan seuen manieren van heiliger minnen*. Tradução de Arie Pos, estudos introdutórios de Joana Serrado, Arie Pos, Maria Pinho. Porto: Afrontamento, 2018.

NEWMANN (1986): Francis X. Newmann (ed.). *Social unrest in the Late Middle Ages*. Binghampton, NY: Center for Medieval and Early Renaissance Studies, 1986.

NOË (2001): Hilde Noë, *In een verwonderen van al deser rijcheyt. Het beeldgebruik in Jan van Ruusbroecs Dat rijcke der ghelieven*. (= Antwerpse studies over Nederlandse literatuurgeschiedenis, 7) Leuven: Peeters, 2001.

OPERA OMNIA. Jan van Ruusbroec, *Opera Omnia*. Guido De Baere (org.). (= Corpus Christianorum/Continuatio Mediaeualis, CI-CX/Studiën en tekstuitgaven van Ons geestelijk erf XX, 1-10). Tielt: Lannoo/Turnhout: Brepols, 1981-2006. 11v.

RUH (1999): Kurt Ruh, *Geschichte der abendländischen Mystik. Band IV Die niederländische Mystik des 14. bis 16. Jahrhunderts*. München: C. H. Beck, 1999.

RUYSBROECK (1916): John of Ruysbroeck, *The adornment of the spiritual marriage. The sparkling stone. The book of supreme truth.* Translated from the Flemish by C. A. Wynschenk. Edited with an introduction by Evelyn Underhill. London: Dent & Sons — New York: Dutton & Co, 1916.

_____ (2013): Jan van Ruysbroeck, *O ornamento do casamento espiritual*. Tradução de Lúcia Beatriz Primo. São Paulo: Polar, 2013.

SCHOLTENS (1967): Henri Scholtens, "Gérard de Santen (de Saintes, de Sanctis), chartreux, †1377". In: *Dictionnaire de Spiritualité*, t. 6, p. 280, 1967.

SWART (2006): Loet Swart, *De articulatie van de mystieke omvorming in "Die geestelike brulocht" van Jan van Ruusbroec*. Nijmegen: Vantilt, 2006.

SUMPTION (1999-2016): Jonathan Sumption, *The Hundred Years War*. London: Faber & Faber, 1999-2016.

TEBRAKE (1993): William H. TeBrake, *A Plague of Insurrection. Popular Politics and Peasant Revolt in Flanders, 1325-1328*. Philadelphia: University of Pennsylvania Press, 1993.

UNDERHILL (1911): Evelyn Underhill, *Mysticism: A Study of the Nature and Development of Man's Spiritual Consciousness*. London: Methuen, 1911.

_____ (1915): Evelyn Underhill, *Ruysbroeck*. London: Bell, 1915.

VAN NIEUWENHOVE (2003): Rik Van Nieuwenhove, *Jan van Ruusbroec—Mystical Theologian of the Trinity*. Notre Dame: University of Notre Dame Press, 2003.

WARNAR (2007): Geert Warnar, *Ruusbroec: Literature and mysticism in the fourteenth century*. (= Brill's studies in intellectual history 150) Leiden: Brill, 2007.

NAZARÉ (2018): Beatriz de Nazaré, *Sete maneiras de amor sagrado. Uan seuen manieren van heiliger minnen*. Tradução de Arie Pos, estudos introdutórios de Joana Serrado, Arie Pos, Maria Pinho. Porto: Afrontamento, 2018.

NEWMANN (1986): Francis X. Newmann (ed.). *Social unrest in the Late Middle Ages*. Binghampton, NY: Center for Medieval and Early Renaissance Studies, 1986.

NOË (2001): Hilde Noë, *In een verwonderen van al deser rijcheyt. Het beeldgebruik in Jan van Ruusbroecs Dat rijcke der ghelieven*. (= Antwerpse studies over Nederlandse literatuurgeschiedenis, 7) Leuven: Peeters, 2001.

OPERA OMNIA. Jan van Ruusbroec, *Opera Omnia*. Guido De Baere (org.). (= Corpus Christianorum/Continuatio Mediaeualis, CI-CX/Studiën en tekstuitgaven van Ons geestelijk erf XX, 1-10). Tielt: Lannoo/Turnhout: Brepols, 1981-2006. 11v.

RUH (1999): Kurt Ruh, *Geschichte der abendländischen Mystik. Band IV Die niederländische Mystik des 14. bis 16. Jahrhunderts*. München: C. H. Beck, 1999.

RUYSBROECK (1916): John of Ruysbroeck, *The adornment of the spiritual marriage. The sparkling stone. The book of supreme truth*.Translated from the Flemish by C. A. Wynschenk. Edited with an introduction by Evelyn Underhill. London: Dent & Sons — New York: Dutton & Co, 1916.

_____ (2013): Jan van Ruysbroeck, *O ornamento do casamento espiritual*. Tradução de Lúcia Beatriz Primo. São Paulo: Polar, 2013.

SCHOLTENS (1967): Henri Scholtens, "Gérard de Santen (de Saintes, de Sanctis), chartreux, †1377". In: *Dictionnaire de Spiritualité*, t. 6, p. 280, 1967.

SWART (2006): Loet Swart, *De articulatie van de mystieke omvorming in "Die geestelike brulocht" van Jan van Ruusbroec*. Nijmegen: Vantilt, 2006.

SUMPTION (1999-2016): Jonathan Sumption, *The Hundred Years War*. London: Faber & Faber, 1999-2016.

TEBRAKE (1993): William H. TeBrake, *A Plague of Insurrection. Popular Politics and Peasant Revolt in Flanders, 1325-1328*. Philadelphia: University of Pennsylvania Press, 1993.

UNDERHILL (1911): Evelyn Underhill, *Mysticism: A Study of the Nature and Development of Man's Spiritual Consciousness*. London: Methuen, 1911.

_____ (1915): Evelyn Underhill, *Ruysbroeck*. London: Bell, 1915.

VAN NIEUWENHOVE (2003): Rik Van Nieuwenhove, *Jan van Ruusbroec— Mystical Theologian of the Trinity*. Notre Dame: University of Notre Dame Press, 2003.

WARNAR (2007): Geert Warnar, *Ruusbroec: Literature and mysticism in the fourteenth century*. (= Brill's studies in intellectual history 150) Leiden: Brill, 2007.

Edições Loyola

editoração impressão acabamento

Rua 1822 n° 341 – Ipiranga
04216-000 São Paulo, SP
T 55 11 3385 8500/8501, 2063 4275
www.loyola.com.br